Ci siamo

TEACHER'S MANUAL and ASSESSMENT PACK

Claudio Guarnuccio • Elio Guarnuccio

Illustrated by Roger Harvey

CIS·Heinemann

CIS•Heinemann
a division of Reed International Books Australia Pty Ltd
22 Salmon Street, Port Melbourne, Victoria 3207
Telephone (03) 9245 7111
Facsimile (03) 9245 7333
World Wide Web http://www.heinemann.com.au
Email info@heinemann.com.au

Offices in Sydney, Brisbane, Adelaide and Perth.
Associated companies, branches and representatives around the world.

2006	2005	2004	2003	2002	2001	2000	1999	1998	1997
10	9	8	7	6	5	4	3	2	1

Edited by Jo Horsburgh
Designed by Anita Belia
Illustrated by Roger Harvey
Italian language consultant: Piero Genovesi
Printed by Print Synergy

Cover photo: Parco Ducale di Urbania

ISBN 1 875633 46 4

Contents

Introduction □ ▐ ...

Who is *Ci siamo* for?
- Intermediate high school students in a multi-level classroom
- Adult beginners
- Year 10 or 11 beginners and false beginners

What components make up the course?
- The *Textbook* is the central resource and provides material and activities aimed at developing speaking, listening and reading.
- The *Workbook* concentrates on writing and reading, paying particular attention to vocabulary learning, grammar and practical writing skills. It also contains the worksheets for the listening comprehension exercises.
- The *Cassettes* contain the recordings of the **fotoromanzi**, **Ascoltiamo!** listening comprehension exercises, songs, **L'accento giusto**, **Scioglilingua** and examples of the **Botta e risposta**.
- This *Teacher's Manual and Assessment Pack* has an extensive range of photocopiable assessment tasks for each unit of work. An explanation of the methodology and detailed suggestions on how to use the course are included in the introduction.

The methodology

An integrated method
The *Ci siamo* course attempts to combine both the theoretical and the practical aspects of language learning and teaching. It takes into account the functional-notional, grammatical, audio-lingual and audio-visual methods, keeping communication as its key objective. The aim is to develop systematically the four language skills (listening, speaking, reading and writing), while considering the realities of the language-teaching classroom.

A spiral approach
The *Ci siamo* Textbook and Workbook are not meant to be worked through page by page. Each chapter has a wealth of material that can be ordered into a syllabus and into lesson plans that best meet your students' needs.

You will have to plan your lessons following certain threads through each chapter, constantly revisiting sections and exploiting them in different ways. Your students will need to become comfortable with moving backwards and forwards to the different sections in each chapter.

A balance of holistic and analytical learning
The **Riassunto di grammatica** appears at the end of each chapter, not because it is less important, but rather to promote an inductive approach to the language. It is hoped that as well as asking **'Che cosa vuol dire...?'**, students will be encouraged to ask questions like **'Perché questa parola finisce in...?'**.

The *Workbook* contains exercises that require students to hunt through the **fotoromanzi** looking for examples of specific items of language, to make attempts at finding a pattern and to formulate rules. This, rather than the straight explanation by the teacher, is the approach intended.

Language for active use and language for comprehension
The vocabulary listed under the **Parole nuove** and other headings throughout each chapter is intended for active use. Students are expected to memorise these words and to be able to call on them in the more open-ended **Tocca a voi** activities.

The cultural units, such as **Una piccola città italiana** and **Il Rinascimento**, are strictly there to help develop comprehension. *Ci siamo* attempts from the outset to encourage students to guess intelligently and not be intimidated by language that they encounter for the first time.

Classroom language

The *Ci siamo* classroom should be a stimulating environment in which Italian is used at every possible opportunity.

The key expressions listed at the beginning of each chapter of the *Teacher's Manual and Assessment Pack* are there to remind you to invent situations that create a context for the natural use of these expressions. Specific examples of how to incorporate these into a lesson are provided in **capitolo uno**.

Generally, you should aim to use Italian as the language for classroom management. Teach classroom commands and expressions as the situations arise. Don't just limit yourself to the language in the *Ci siamo* Textbook.

Here are some examples of common commands and questions with which students should become familiar as early as is practicable:

Sedetevi!
Alzatevi!
Siete pronti? Sei pronto/a?
Sedetevi faccia a faccia!
Silenzio, per favore!
un momento, non ho sentito
Che cosa hai detto?
Che cosa vuol dire...in inglese/italiano?
Come si dice...in inglese/italiano?
Hai/avete finito?

For most students, the classroom will provide the main opportunity for speaking Italian. Make sure that a reasonable percentage of the time in every lesson provides an opportunity for students themselves to speak, either as a group, individually or in pair-work activities.

The Textbook

Introduzione

The **introduzione** aims to:
- show students that they already know some Italian
- set the pattern of pushing their understanding, forcing them to make intelligent guesses and not be intimidated
- introduce students to Italian pronunciation
- provide visual material that will prompt discussion about travel to Italy
- set the scene for the **fotoromanzo** stories

Fotoromanzo

The function of the **fotoromanzo** is to stimulate interest, provide purpose and a cultural context for comprehension and language learning. It establishes the theme for the chapter and is the central resource of language and cultural information.

How to use the fotoromanzo
• *As the starting point of the new unit*
Play the cassette while students look at the photos. Give students time to broadly understand the story and allow them to ask questions in Italian:
Come si dice...?/Che cosa vuol dire...?

• *As a follow-up activity*
Introduce students to the language being taught in the chapter through the **Botta e risposta** and other sections. Move on to the **fotoromanzo** in a later class.

• *As listening comprehension*
Play the recording of the story then discuss it using the **Domande** as a basis.

• *As a means to practise specific functions or notions*
Break the story up into manageable sections, picking the photo/s within each story that can be used as a model for certain situations. For example:
capitolo uno, page 1, photo 2: greetings; photo 4: introducing yourself
capitolo tre, page 37, photos 13 and 14: giving directions
capitolo sei, page 88, photo 1: talking about where you went
capitolo otto, page 133, photo 8: being sarcastic

• *As a reference for expressions, vocabulary and grammar*
The **fotoromanzi** are full of contextualised examples of the language being learnt in the chapter. Make use of it by referring back to the script and asking questions like 'How did they say...?' Then use it as a model.

• *As a resource for discussion about Italy and living in Italy*
The **fotoromanzi** are full of cultural information both in the text and the photos themselves. Exploit this material by discussing it. In the early stages of the course, discuss it in English. As students progress, the discussions can be in Italian.

• *As a speaking and pronunciation activity*
Play the cassette using the pause button after every phrase or sentence. Have students repeat the sentence emphasising the importance of trying to mimic the expression.

• *As reading comprehension*
Students can take it in turns to read the text and answer the **Domande**.

• *As listening for pleasure*
Give students the opportunity to listen to the cassette while reading the text, simply for enjoyment.

• *As a role-play activity*
A final activity could be for students to record their own dramatised version, including sound effects and Italian music.

Botta e risposta

The purpose of the **Botta e risposta** exercises is to give learners the opportunity for intensive oral practice in specific language points. The role of the pictures is to engage students so that they focus on communicating information as much as grammatical correctness.

The **Botta e risposta** exercises can be a starting point for the chapter. You can sometimes practise language before encountering it in the **fotoromanzo**.

How to use Botta e risposta
• *Cue–response box*
The procedure is to use each cue–response box as a model to be applied to each picture. The **bold** identifies the word or ending that will vary.

As the same page will be used in a number of different lessons, choose the one or two cue–response boxes most relevant to the teaching point and learning phase. This will not necessarily mean following the alphabetical sequence.

• *Class format*
The exercises can be used in a number of ways: teacher–whole class, teacher–half class, teacher–individual, pair work, small groups, student–whole class, half class–half class. Not all cue–response boxes lend themselves to all of the above formats, so you will need to identify the best uses for each model.

As a general rule, move from whole-class responses, building confidence, to individual responses and pair work. As you progress, make sure that the activity becomes less teacher centred. Accustom students to pair work.

• *Engaging your students*
It is important to set the scene and provide a context for these brief exchanges and also to allow time for your students to look at the pictures and to process the information.

As well, give students opportunities to ask the questions, not just answer them.

At the appropriate stage, it is very important to move from the pictures on the page to applying the language exchanges to the students' own lives.

Using exercise A on page 38
e.g. – Scusi, dov'è la farmacia?
    – È in Via Gigli 23.

    – C'è una farmacia qui a Chelsea?
    – Sì, certo. C'è una farmacia in Smith Street.
    – ...e c'è anche una farmacia in...

A tu per tu
Following the tightly structured practice of discrete sentences in the **Botta e risposta** exercises, the **A tu per tu** section represents the next phase: guiding students in constructing a coherent conversation. These are ideal pair-work activities.

How to use A tu per tu
There are two types of **A tu per tu** activities:
1 The A–B boxes, in which students are offered choices
2 The scripts, in which part of the sentences are highlighted in **bold**. In this second type, students are required to get their information from the photos, realia or illustrations on that page. Once they have made their choice, they modify the highlighted part of the script accordingly.

It is important to alert students to the fact that

often choices are not random, but that there is a logical sequence to be followed. For example, a suggestion like:
– **Perché non andiamo al cinema?**
must be followed by:
– **Mi piacciono i films.**
and not:
– **Mi piace camminare.**

Give students the opportunity to perform in front of the class, ad libbing, without their books. In some cases you may want them to learn a script by heart before performing it.

Tocca a voi
The **Tocca a voi** activities represent the culmination of each unit of work. Most of the other activities are designed to practise language, whereas these are intended as opportunities for students to put to use the language they have acquired.

One of the most valuable insights students will derive from this exercise is the importance of referring to the pool of language they possess rather than trying to express themselves as they would in English. Be aware that this is the most difficult skill to master and devise strategies to help students in developing it.

How to use Tocca a voi
Note that the solutions to these games are on page 160.

• *Preparation*
Before attempting these activities, it is essential to ensure that students are familiar with all the key language.

You could also ask two of the more capable students to perform in front of the class, before dividing the class into pairs.

• *Role of the teacher*
In this phase of language teaching, it is important that you become an observer. Make sure that the students understand clearly

what is required in the activity, then take no further part in it.

Your approach to monitoring this activity is crucial. Allow students to make mistakes and complete the task, without interrupting. Reserve your corrections for later, taking note of any difficulties students are having and mistakes they are making. You can then revise these thoroughly in a follow-up activity.

• Variations

You could record the conversation and play it back, making encouraging and positive comments as well as pointing out ways of improving.

As **Tocca a voi** will present the greatest challenge to most students, it may also be helpful to give the same activity more that once, perhaps slightly modifying the instructions.

Ho capito

The three **Ho capito** exercises are included to make students aware of certain aspects of the Italian language and to promote discussion. **Capitolo uno** introduces the notion of regional accents; **capitolo due** gives an example of Italian spoken faster than normal; and **capitolo cinque** presents more formal language as an example of a **linguaggio settoriale**. More detailed explanations of these are given within the chapters of this manual.

L'accento giusto e Scioglilingua

In this section Italian sounds are singled out for practice. An explanation is given, followed by some sample sentences and a **Scioglilingua**, both of which are recorded on the *Cassettes*.

Encourage students to memorise the **Scioglilingua** and to enjoy trying to say it as quickly as possible. Have a competition.

As well as working on the pronunciation, occasionally give a short dictation or play a word game to assess the students' ability to transcribe those sounds.

Canzoni

The four pop songs performed by famous Italian artists are loosely linked to the unit of work, but are mainly intended as listening for pleasure. They can also be used to extend vocabulary, learn new expressions and to identify grammatical points being studied in the chapter.

Parole nuove e vocabolario

The words in the **Parole nuove** boxes throughout the book are meant for active use. They will form the basis of all the exercises and activities students will be asked to do. The words are given in manageable chunks throughout the chapter and often placed next to a relevant activity. Ask students to learn them as homework the day before doing that activity.

The **vocabolario** at the end of the book contains all the Italian words in *Ci siamo*, including those presented solely for comprehension.

How to learn vocabulary

Learning words is the essential ingredient in communication. You should not underestimate the importance of giving students learning strategies and of constantly monitoring progress through regular tests and games. It is often surprising how little students remember if they rely heavily on what they pick up in class. Encourage rote learning.

Also encourage students to keep a separate notebook with vocabulary and expressions organised in themes. These should by no means be limited to the language in the *Ci siamo* course.

Remind students of some of the tried and true techniques:
- writing the words a number of times
- covering the Italian side of the list and translating the English
- covering the English side and recognising the Italian words
- making up silly stories that will help them remember more difficult words
- using word association
- learning words regularly but not too many at once
- drawing pictures and labelling them
- silently reciting the words while doing something else, such as sitting on a bus
- silently describing things while walking down the street

Riassunto di grammatica
This section contains an abstract of the language points dealt with in each **capitolo**.

How to learn grammar
Remember that the only meaningful test of the knowledge of grammar is when it is used in communication. The *Ci siamo* approach is to acquire an inductive understanding of the grammar. Don't use the **Riassunto** as a starting point, and avoid dictating the rules. Ask students to come up with their own understanding of how the language works.

While work on the grammar must not be allowed to dominate your approach to teaching Italian in the classroom, do make sure students study and memorise verb conjugations, grammar tables and rules.

Cultural information
Separate cultural units develop specific themes; however, aspects of Italian life and culture are present throughout the *Textbook*. The **fotoromanzi**, other photographs, realia, maps, tickets, timetables, etc. all contain valuable cultural information that can be discussed and exploited. The main aims of the separate cultural units are:
- to push reading comprehension beyond the controlled language developed thoroughly in the course
- to introduce the students to a variety of themes and text types

CULTURAL INFORMATION

CHAPTER	NAME	THEME	TEXT TYPE
Introduzione		Italian landmarks	caption
uno	Questa è l'Italia	an introduction to Italy's geography	map
due	Una piccola città italiana – Urbania	life in a small Italian town	commentary
tre	Sport e passatempi	leisure activities and sport in Italy	letter
quattro	Le feste	Italian festivals and celebrations	commentary
	La mia famiglia Italiana	living with an Italian family	essay
cinque	L'ecologia	environmental issues in Italy	prose passage
	Agriturismo. Che passione!	holidaying on a farm	newspaper article
sei	L'Italia delle vacanze	tourism in Italy	survey, graph, magazine article
	Patate primo amore	holidaying on a farm	newspaper article
sette	Una nota stilista italiana Supermodelle addio	fashion in Italy fashion	interview newspaper article
otto	Tiramisù Il Rinascimento	making an Italian dessert Italian history	recipe encyclopedia entry
	Il naso del duca/ Pizza patriottica Il Risorgimento	Italian trivia Italian history	historical anecdotes encyclopedia entry
	L'inno di mameli		anthem

The Workbook

The exercises in the *Workbook* are based on the vocabulary, expressions, themes, cultural context and grammar presented in the corresponding units of the *Textbook*.

Ascoltiamo!

At the beginning of each chapter of the *Workbook*, you'll find the worksheets for the **Ascoltiamo!** listening comprehension exercises recorded on the *Cassettes*.

The tape scripts for all the **Ascoltiamo!** exercises can be found at the end of each chapter of this manual.

When to use Ascoltiamo!

Each **Ascoltiamo!** exercise concentrates on a specific theme, function or aspect of language. Make timely use of this activity within the framework of your lesson plans.

The degree of difficulty of these exercises varies considerably. Start with the easier ones and perhaps save the more challenging for assessment purposes.

How to use Ascoltiamo!

Don't hesitate to use the pause and rewind buttons. Make sure that students have enough time to write the answers.

Gioco di parole

Gioco di parole contains exercises and games to assist students in the learning of vocabulary and expressions. Give these exercises as homework preceding a lesson that will exploit that vocabulary, or as a quick test in class.

Punto per punto

As the heading **Punto per punto** suggests, these exercises single out specific language points.

Make timely use of these exercises as homework or within the framework of your lesson plans. By giving the exercises within a lesson, students are then given the quiet time to consider and assimilate new material and the opportunity to ask questions.

Che cos'è questa storia?

Under the **Che cos'è questa storia?** heading you will find the **Domande**, as well as other comprehension exercises based on the **fotoromanzo**.

Tocca a voi

As with the oral exercises in the *Textbook*, the **Tocca a voi** written activities in the *Workbook* represent the culmination of each unit of work. They are intended as opportunities for students to put to use the language they have acquired.

Before attempting these activities, it is important to ensure that students have completed all the **Punto per punto** exercises and are familiar with all the key language. You could use some of these exercises as tests.

Sapore d'Italia

Under the **Sapore d'Italia** heading in the *Workbook* you will find the comprehension questions on the cultural readings found in the *Textbook*, as well as other activities based on the central theme of the chapter.

The Cassettes

Until the recordings become available on CD, you will need to use the *Cassettes*.

Using the technology

It is very important for you to be able to find a **fotoromanzo** or rewind to the beginning of an **Ascoltiamo!**, easily in class. Unfortunately counter numbers can't be provided for you because they vary greatly from one cassette player to another. For this reason it is recommended that you always use the same tape recorder and number all the recordings on your cassettes using that counter. Initially it may be time consuming, but it will save much time and embarrassment in class.

Likewise, make sure that the pause button on your tape recorder works well. You'll find it invaluable on many occasions.

Site licence

It is possible to obtain a site licence that gives you permission to make copies of the *Cassettes* for your students. It is a good idea to have them catalogued in the school library and to encourage your students to take them home. However, avoid making available copies of the **Ascoltiamo!**

The Teacher's Manual and Assessment Pack

The introduction to the *Teacher's Manual and Assessment Pack* gives an explanation of the methodology and detailed suggestions on how to use the course. However, the main focus of this text is assessment. So, for each unit of work, this manual contains a wealth of photocopiable assessment tasks.

Preceding the assessment material in each chapter, the communicative objectives are set out and the key expressions are listed as a reminder of language to be used in real situations.

The game at the beginning of each chapter can be used as a warm-up activity, as a practice exercise, or to check vocabulary learning.

Assessment

Regular testing is essential. It provides the opportunity to check the levels of learning

attained by students and, therefore, makes you aware of weaknesses that need to be worked on. It is also important to have a strategy that will help you monitor and improve the learning process and not to base tests on a simple pass or fail criterion. Assess the level and quality of communication in the four language skills and keep trying to push learners to greater fluency and spontaneity and correctness.

Assessment needs to mirror the content and approach adopted throughout the course, and the photocopiable material in this manual was prepared with this in mind.

Photocopiable assessment material
Written tests
To assess writing and reading
There are at least ten writing exercises for each chapter. The first six or seven are of the **Punto per punto** type, the last few are more open-ended. You may decide to limit the number you include in a test and make use of the others for revision.

L'interrogazione
To assess speaking and listening
Under the heading **L'interrogazione** you'll find examples of how to exploit the photos and realia in the *Textbook* by using them in a question and answer activity.

L'interrogazione is a style of testing commonly used in Italian schools. It is a regular activity, taking up no more than five or ten minutes of a class. The teacher picks a few individual students at random and asks them questions with the rest of the class observing. Performance is monitored and the aim should be to test every student at least once during the term, in this way.

Preparate una scenetta
To assess writing and speaking
The role-play activities under the heading

Preparate una scenetta can be given as homework for students to write out and then perform in class or as impromptu activities.

You yourself could participate in the first one to give students the general idea. As a prompt for the key things they have to do, you could write one or two Italian words on the board.

If you feel your students may find this activity difficult, give them **La Scenetta bell'e pronta** as a reading comprehension activity first and then tell them to use it as a model for their own **scenetta**.

La scenetta bell'e pronta

To assess reading and pronunciation
You can prepare some written comprehension questions on the **scenetta**, or give it as a model to help students write their own short scene.

The **scenetta** could be performed in class after students have memorised parts, or students could perform while reading the parts.

Tocca a voi

To assess listening and speaking
The **Tocca a voi** activities can give you a clear picture of how well students are communicating and to what extent they have mastered the language in the chapter. In order to avoid giving students an activity identical to one they have seen before, a number of new activities of this type have been provided in the *Teacher's Manual and Assessment Pack*. Not all students are expected to do all of them.

You yourself can modify a **Tocca a voi** test by slightly changing the instructions so that the outcome will be different.

Preparing a lesson plan

Decide the order in which you are going to develop the language points in each chapter, then carefully select the activities from the *Textbook, Workbook, Cassettes,* and *Teacher's Manual and Assessment Pack.*

Recycle as much language as possible from the chapter just completed, as it is important to constantly link what has been learnt with the new material being introduced. Be constantly aware of the language that has been mastered and introduce only one or two new elements at a time.

The three sample lesson plans that follow serve as examples for you to plan your lesson.

Sample lesson plan A

Starting a new chapter: capitolo tre

Aim:
- to talk about what you're doing or going to do
- to revise verbs from **capitolo due**
- to introduce **fare**, the -ere verbs, and **Vieni!** as an expression
- to introduce the new story and practise intelligent guessing of new vocabulary and expressions
- to set up the following class

1 Introduce the present tense of the verb **fare** moving from **Che cosa fai?**, which was introduced as an expression in the last chapter. Introduce **Vieni!** as an expression.

Per esempio
(Pretend you're unprepared.)
– Buongiorno. Scusate, non sto molto bene oggi. Purtroppo non sono pronta, mi dispiace. Mmm…va bene…Bill, cioè Guglielmo, che cosa fai adesso?
– Studio.
– Studi? No, secondo me ascolti. Ascolti, vero?
– Sì, ascolto.
– E io che cosa faccio?
(Write io faccio on the board. Pretend you've just thought of playing charades. Mime eating, drinking coffee etc.)

– Indovinate! Che cosa faccio io?
– Mangi?
– Brava Liz, cioè Elisabetta. Vieni qui! Sì vieni! *(Gesture to Liz, then write **Vieni!** on the board.)*
(Show Liz page 20 of the Textbook as a prompt for the verbs she could mime.)
– Adesso tu che cosa fai?
*(Write **tu fai** on the board.)*
– Molto bene. Che cosa fa Elisabetta?
*(Write **lei fa** on the board.)*
– Cucina? È vero, Elisabetta? Che cosa cucini?…
*(Continue in this way, practising **fare** for a few minutes, then introduce the new **fotoromanzo**.)*
– Bravo! Cioè bravi! Siete tutti molto bravi. Ma adesso che cosa facciamo? Chi ha un' idea?…Hai un idea?
– Parliamo italiano.
– Ottima idea! Ah…no, perché non ascoltiamo la cassetta. Sì, ascoltiamo una nuova storia. Aprite i libri a pagina 34 e ascoltate!

2 Listen to the whole story of **Mi piacciono le torte** on the cassette without giving any explanations about it, then ask simple, leading questions.

Per esempio
– Va bene, ci siamo? Avete capito tutto? Che bravi!
– Allora, come si chiama la bambina?

- È piccola. Quanti anni ha?
- Ha un fratello? Come si chiama il fratello? Quanti anni ha?
- Com'è Giovanni? Alto. Grande...
- A scuola che cosa fa Giovanni. Guardate la foto numero nove.
- 'A scuola legge e scrive.' Che cosa vuol dire legge?
- Ascoltate, in inglese c'è la parola **legible**...
- E che cosa vuol dire scrive? Brava, sì, sei molto intelligente.
- Abbiamo parole simili in inglese? **Scribble**, sì...**scribe**...

3 Now write on the board **Giovanni gioc<u>a</u>**, **studi<u>a</u>**, **lavor<u>a</u>**, **legg<u>e</u>** and **scriv<u>e</u>**. Underline the endings, then let students try to work out why they are different.

Per esempio
- Mmm molto interessante. Cioè, molto strano. Perché legge e scrive? Adesso guardate nel vocabolario.
- Sì, è vero. C'è legg<u>ere</u> e scriv<u>ere</u>. Allora perché legg<u>e</u> e scriv<u>e</u>?

(If the students still struggle to deduce the reason, write the infinitives on the board, next to their third person singulars.)
- Adesso guardate la foto numero uno. La professoressa dice '...complet<u>ate</u> gli esercizi e scriv<u>ete</u>...'

Complete the introduction of **-ere** verbs by doing **Punto per punto C** on page 54 of the *Workbook* or pointing out and looking at **Riassunto di grammatica 1**.

4 Now introduce the numbers on page 38 paying particular attention to pronunciation and stress. The **chicchirichì** game on page 43 of the *Teacher's Manual and Assessment Pack* could be your warm-up activity for the next class.

Do **Botta e risposta A** which practises the numbers and introduces the place names in a simple way.

5 Conclude by returning to the story and giving homework in the same way as la professoressa Bucchi does.

Per esempio
- Aprite i libri a pagina 34. Guardate la prima foto, la foto numero uno. Leggiamo!
- Va bene, ci siamo. Terminiamo qui. Per domani fate questi esercizi nel quaderno. Pagina cinquantuno – **Gioco di parole A**...e anche **B** ma solo da numero uno a numero sette. Fate l'esercizio **E** a pagina cinquantacinque e anche imparate le parole nuove a pagina quaranta del libro.

Write the homework on the board after everyone has written down what you have said. Check to see if anyone misunderstood.

...alla fine
- Ci vediamo martedì, cioè domani.
- D'accordo.
- Arrivederci.
- A martedì.

Make sure everyone replies using a variety of greetings.

Sample lesson plan B □ ▬▬▬▬▬ ...

Planning a special event: capitolo quattro

Aim: • to create an authentic situation in which students will need to use the language they have learnt

• to offer, accept and share food and drinks

• to discuss birthdays, **onomastici** and feast days

• to talk about yourself and your family

• Towards the end of having worked on **capitolo quattro**, find out who is having a birthday, anniversary or **onomastico**.

• Bring to class a cake with the congratulations written on it. Also ask students to bring specific snacks and drinks: **aranciata, acqua minerale, cioccolatini, biscotti...**

• Invite at least one Italian friend to come along and mingle with the students. Word him up on all the expressions they know and the language they've been learning.

• Bring an Italian calendar with all the saints' days indicated. Students will be keen to know when they should be celebrating their **onomastici.**

1 Begin by welcoming and introducing your guest/s. If the class isn't too big, ask students to introduce themselves individually.

2 Allow time for students to ask questions of your guest. In the previous class you could have told students to prepare for this:

Quanti fratelli e sorelle ha, Lei?
Dove abita?
Di dove in Italia è Lei?
Quanti anni ha?
Quando è il suo onomastico?...

Make sure your guest also asks questions in return.

3 Bring out the cake. Sing **Tanti auguri** and give students the task of handing out the drinks, cake and snacks. Make sure they go through all the formalities of asking, answering and commenting:

Che cosa prendi?
Preferisci la limonata o l'acqua minerale?
Buon appetito!
Grazie, altrettanto!
Un'altro pezzo di torta?

Go around making comments:
Dove sono i regali?
Ti piacciono i cioccolatini, vero?

4 Show everyone the Italian calendar and have a discussion about birthdays, **Carnevale, onomastici...**

5 Ask each student to comment on what they've noticed people like or don't like and allow that person to respond.

Per esempio
– Silvio, ti piacciono i cioccolatini, vero?
– Sì, è vero. Mi piacciono molto.
– Carla, tu preferisci la Coca-Cola. Non ti piace l'acqua minerale.
– No, non è vero, non sempre.

6 Ask the students to thank the guest. Embarrass the students by asking what they think of him or her, making sure that your guest is prepared for the ending.

Per esempio
– Mario, sei irresistibile!
– Cosa ci posso fare?

Sample lesson plan C

Integrating the different course components: capitolo sei

Aim:
- to reinforce some of the key expressions
- to discuss where people have been
- to talk about how they travelled
- to practise **andare** and **stare** in the perfect tense

1 Get to class early and prepare to chat to students as they walk in. Talk about where they've been or what they did/where they went last night.

Aim to use the following key expressions wherever possible:

Presto!
Accidenti!
Meno male!
Dici sul serio!
bisogna amare il prossimo

Per esempio
- Buongiorno, Franca. Vedo che sei contenta oggi. Dove sei stata?
- Ciao, Giulio. Non sei in ritardo oggi. Meno male! Come sei venuto a scuola oggi, in macchina?
- Presto, Mario! Voglio incominciare la lezione. Dove sei stato?

(Look for the opportunity to be surprised when someone tells you where they went.)
- Dici sul serio!

(Create a situation where a student makes a negative or sarcastic comment about another.)
- Accidenti! Luca, guarda a Giorgio. È molto bello oggi, vero!
- Antonio, bello? No è bruttissimo!
- No, Luca, bisogna amare il prossimo.

2 Quickly correct homework from the *Workbook*, given at the end of the previous

class – **capitolo sei: Gioco di parole A** and **Punto per punto F.**

These exercises provide the foundation for the next activity.

3 Do **Botta e risposta tre A**, first asking the whole class to respond, then asking individual students.

Next, organise **Botta e risposta tre B**, as a pair-work activity.

Then make students aware of the tickets on this double page and discuss what kind of tickets they might be.

4 Have the cassette player ready for **Ascoltiamo A**.

5 Play the game **Dove sei andato e che cosa hai fatto?** described on page 120 of the *Teacher's Manual and Assessment Pack*. If you feel your students aren't quite ready for this game, try a simpler variation using the **Botta e risposta tre**, first with the book open, then with the book closed.

Per esempio
Studente A: Lucia è andata a Bologna in pullman.
Studente B: Lucia è andata a Bologna in pullman e Stefano è andato a Catanzaro in treno.
Studente C: Lucia è andata a Bologna in pullman, Stefano è andato a Catanzaro in treno e Tim è andato a Venezia in aereo…

6 Use the **fotoromanzo** to ask questions about where the characters in the book went and how they got there.

7 Use the **fotoromanzo** to illustrate inductively the use of **ci**. Give **Punto per punto N** from the *Workbook* as homework. Finally, ask students to learn the **Viaggiare** expressions on page 97 of the *Textbook* to prepare for the next lesson.

Capitolo uno

Objectives

- To use the appropriate **tu** or **Lei** form in the following situations:
  - greeting someone
  - introducing yourself and others
  - asking someone how they feel
  - asking for someone's name
  - asking where someone is from
- To give a basic description of people
- To ask and answer simple questions

Language points

- **io**, **tu**, **lui** etc. – subject pronouns
- **essere**
- formal **Lei**
- asking questions
- **non** – making sentences negative
- masculine and feminine nouns
- **il**, **la**, **i**, **le** – definite article
- **un**, **una** – indefinite article
- adjectives
- plurals
- **questo**, **questa**
- titles

Key expressions

Come si chiama?/Come ti chiami?
Come sta?/Come stai?
Le presento.../ti presento...
molto lieto
Di che nazionalità è Lei?
Di dov'è Lei?/Di dove sei?
Permesso!
Avanti. S'accomodi.
C'è...? Chi è...?
è il ragazzo/la signora...
alto/bionda...

Gioco ...

Tu chi sei?

Group size: whole class
Language: introducing yourself and recognising others

- Start by giving your name, then point to a student and give their name.
  – **Io mi chiamo Consuelo Bucchi e Lei si chiama Lucia Burns.**
- The student then confirms that the name is correct and points to someone else and gives their name.
  – **Sì, è vero. Io sono Lucia Burns. Lei è Stefano Meyer, vero?**
- That student then confirms and points to someone who hasn't been named yet. Continue until every student has been introduced once.
- It is suggested that you use the **Lei** form of address with your students while working through the first chapter. **Diamoci del tu**, which is introduced in the second chapter, will then be more meaningful.

Key expressions

Come si chiama?/Come ti chiami?

Come sta?/Come stai?

Le presento.../Ti presento...
Molto lieto.

Di che nazionalità è Lei?
Di dov'è Lei?/Di dove sei?

Permesso!
Avanti. S'accomodi.

C'è...? Chi è...?
È il ragazzo/la signora...alto/bionda...

Ideas for practice

Throughout the early classes, pretend you forget students' names and spontaneously ask: **Un momento, scusi, eh...come si chiama Lei?**

As well as greeting students and asking them how they feel when they arrive, find other opportunities to do this during the class. Notice if someone is looking unwell or distracted, or in a jovial mood.

Arrange for someone to visit the class, then introduce them to students individually. You could invite the principal or another teacher, after appropriately wording them up.

If someone pronounces an Italian phrase well or answers a question correctly, make a big deal out of it.
– **Perfetto! Ma scusi, di che nazionalità è Lei?**
– **Sono australiana.**
– **Australiana? Di dov'è?**
– **Sono di Melbourne.**
– **Ma no! Lei è italiana! Italiana di Firenze!! Brava...molto brava.**

If anyone is ever late, insist that they knock on the door and ask for permission to enter.

Make a point of being the last to arrive in class and don't enter until you've been encouraged by the whole class.

Check the roll, then pretend you can't remember the people who are absent.
– **C'è Carlo Cuomo?**
– **No, non c'è.**
– **Carlo Cuomo...chi è?**
– **È il ragazzo bruno.**
– **Il ragazzo bruno...è alto?**

Test – Capitolo uno

Nome _____

Cognome _____

Classe _____

A Saluti

Greet the following people appropriately, keeping an eye on the time of day.

1 il signor Persico
19:30

2 Roberto
8:45

3 Gandolfo
9:00

4 il signor Valeri
10:30

5 la signorina Ferri
17:30

6 Emilia
20:00

7 la signora Cirio
14:00

8 Mauro
12:00

B Come stai?

Now ask the same people how they are and, from their expressions, guess their replies.

1 _____

_____

2 _____

_____

3 _____

_____

4 _____

_____

5 _____

_____

6 _____

_____

7 _____

_____

8 _____

_____

C Aggettivi

Write down three adjectives that describe each of these people. Make sure that the endings of the adjectives agree with the person being described.

_____

_____

_____

_____

_____

_____

_____

_____

_____

_____

_____

_____

D Essere o non essere?

Complete these sentences using the correct form of the verb **essere**.

1 Io _____ la professoressa Bucchi. Piacere!

2 Tu e Giorgio _____ australiani, vero?

3 In che livello _____ tu?

4 Caterina _____ la ragazza bruna.

5 Tutti i professori _____ gentili qui.

6 Signora, Lei _____ molto fortunata.

7 No, noi non _____ di Urbania.

8 Dov'_____ il professor Pasotto.

9 Allora ragazze, _____ contente?

10 Io e Carlo_____ nel livello cinque.

Test – Capitolo uno ☐

E Nomi

Label these illustrations using the correct form of the definite article.

1 _____

2 _____

3 _____

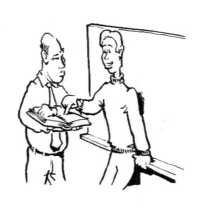

4 _____

5 _____

6 _____

7 _____

8 _____

F **Di dove sono?**

For the people listed on the following page, write a sentence giving their nationality and the city they live in. The number of the exercise corresponds to the number on the map.

1 Nuova York

3 Melbourne

9 Stoccolma

8 Londra

7 Rotterdam

4 Francoforte

2 Parigi

5 Roma

6 Barcellona

Test – Capitolo uno ▯ ████████ •••

1 Shirley e Jane _____

2 Monique _____

3 Shane e Jason _____

4 Helga _____

5 Aurelio _____

6 Concita e Jose _____

7 Stefania _____

8 Garry _____

9 Silvia e Ingrid _____

ⒼEspressioni

What would you say in the following situations?

1 Someone is knocking at the door. You want to encourage them to come in.

_____

2 You are introduced to one of the teachers.

_____

3 You want to welcome a new female student to your class.

_____

4 Someone gives you the notes for the class you missed last week.

_____

5 You are looking for something.

_____

6 A friend invites you for a drink. You agree enthusiastically.

_____

7 You've forgotten someone's name, so you have to ask them.

_____

8 You want to know where someone comes from.

_____

□ **Test – Capitolo uno**

H Ecco il professor Zegna

1 Giovanni is introducing Vaida to il professor Zegna who greets her and asks her where she's from. Write a short dialogue.

Giovanni: _____

Professor Zegna: _____

Vaida: _____

Professor Zegna: _____

Vaida: _____

2 Write a short dialogue for the following scenario:
   i   Claudia is enrolling in her Italian classes. She knocks on the door of the school office and is invited to come in.
   ii   La signora Davide asks Claudia her name and surname and where she's from.
   iii She then hands Claudia her student card and welcomes her.

_____

_____

_____

_____

_____

_____

_____

_____

_____

_____

_____

Test – Capitolo uno ☐ ▮▮▮▮▮▮▮▮▮▮▮▮ •••

I Saluti a tutti

The people illustrated are greeting each other and asking each other how they are. Write a short dialogue for each pair.

Giacomo   **Clara**

Giacomo: _____

Clara: _____

Giacomo: _____

Clara: _____

il signor De Carlo   **il signor Bellaggio**

De Carlo: _____

Belaggio: _____

De Carlo: _____

Belaggio: _____

J Domande

Read the passage below in which Sonia is introducing herself, then answer the questions in English.

Ciao! Mi chiamo Sonia Svenson. Non sono italiana, sono svedese. Sono di Stoccolma. Qui a Urbania, sono al Centro Studi Italiani. Sono nel livello nove con il professor Talozzi.

1 È italiana Sonia?

_____

2 Di dov'è?

_____

3 In che livello è?

_____

4 Dov'è il Centro Studi?

_____

5 Il cognome di Sonia è italiano?

_____

K Il tesserino

1 Fill in your own student card, then write as much as you can about yourself, including what you're like.

foto

Scuola _____
Indirizzo _____
Telefono _____

NOME _____
COGNOME _____
NAZIONALITÀ _____
LUOGO DI NASCITA _____
CLASSE _____
PROFESSORE(SSA) _____

_____
_____
_____
_____
_____
_____
_____
_____

2 Now fill in a student card for someone in your class, then write as much as you can about him/her.

foto

Scuola _____
Indirizzo _____
Telefono _____

NOME _____
COGNOME _____
NAZIONALITÀ _____
LUOGO DI NASCITA _____
CLASSE _____
PROFESSORE(SSA) _____

_____
_____
_____
_____
_____
_____
_____
_____

L'interrogazione

Ask individual students questions related to the *Textbook*. Here are some examples.

1 Using the **fotoromanzo**
   e.g. – Come si chiama la signora nella foto numero quattro?
      – È triste?
      – È bionda?
      – Di dov'è?

      – Chi sono le ragazze nella foto numero dieci?
      – Di che nazionalità sono?

      – Chi è Consuelo Bucchi?
      – Com'è? Alta, contenta…?

2 Using **Botta e risposta**
   e.g. – Apri il libro a pagina sette.
      – Nel tesserino numero cinque c'è una ragazza?
      – Come si chiama?
      – In che livello è?
      – È tedesco?

Preparate una scenetta
Role play

1 Make a copy of the cards, dividing them into those containing two people and those containing three.
2 Divide the class into pairs and groups of three.
3 Shuffle the cards and give one to each group.
4 Ask each group to prepare a short scene in which each student plays the role of one of the characters on the card their group has been given.
5 Explain that each student must first tell the class who they are and then act out the scene depicted.
6 Remind them that the decision on whether to use the **tu** or **Lei** form is important.
7 You may want to write hints on the board, such as:
   Nome
   Come sta?
   Nazionalità
   Benvenuto

La scenetta bell'e pronta

Benvenuta

Personaggi: il professor De Grandi, Mario Tozzi, Karla Schmidt

De Grandi: Io sono il professor De Grandi.
Mario: Io sono Mario Tozzi.
Karla: Io sono Karla Schmidt.

Mario: Buongiorno, professore.
De Grandi: Buongiorno, Mario.
Mario: Professore, Le presento Karla Schmidt.
Karla: Piacere, professore.
De Grandi: Piacere, signorina Schmidt. Come sta?
Karla: Sto bene, grazie, e Lei?
De Grandi: Molto bene, grazie. E Lei di dov'è?
Karla: Sono tedesca. Sono di Francoforte.
De Grandi: Benvenuta in questa scuola, allora.
Karla: Grazie. Lei è molto gentile.

Mario Tozzi   **Karla Schmidt**   **Professor De Grandi**

Preparate una ☐ ▬▬▬▬ •••
scenetta

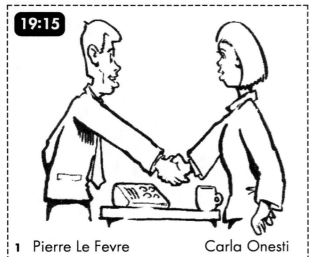

19:15

1 Pierre Le Fevre   Carla Onesti

2 Giovanni   Michele

9:30

3 Nicolas Appleby   Filippo Neri

8:30

4 la professoressa Vitti   Laura Monelli

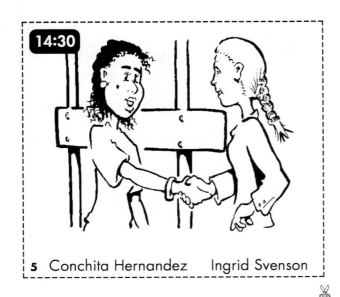

14:30

5 Conchita Hernandez   Ingrid Svenson

6 Enza   Federico

▢ Preparate una scenetta

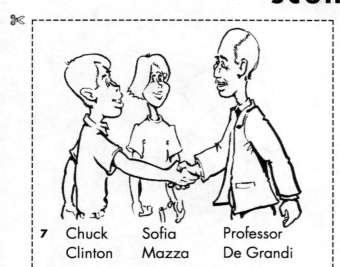

7 Chuck Clinton Sofia Mazza Professor De Grandi

20:30

8 Mario Tozzi Karla Schmidt Professor De Grandi

9:00

9 Lucia Belia Teresa Verdi la signora Marianna

16:30

10 Massimo Scarlatti Anna Eckberg Giuseppe Cilauro

8:00

11 la signora Pasotto Jane Austen

12:00

12 Carlos Sanchez Serena Rossi Jean-Gabriel Bordeaux

A Chi è?

Type of activity: information gap
Aim: to describe people
Language: essere, adjectives
Number of students: 2

1 Make a copy of the **Studente A** and **Studente B** material for each pair.
2 Divide the class into pairs and give each pair a **Studente A** and **Studente B** sheet.
3 Make sure the students don't look at each other's sheet, and ask them to work out the name and surname for each of the eight characters.

Ecco un esempio

Studente A: Questo ragazzo si chiama Sergio.
Studente B: È alto, Sergio?
Studente A: Sì, è alto. È anche bruno.
Studente B: È alto, bruno e non è contento, vero?
Studente A: Sì, è vero. È triste.
Studente B: Si chiama Zavoli.
Studente A: Molto bene! Numero uno è Sergio Zavoli.
Studente B: Questa ragazza si chiama Romano…

Chi è?

Studente A

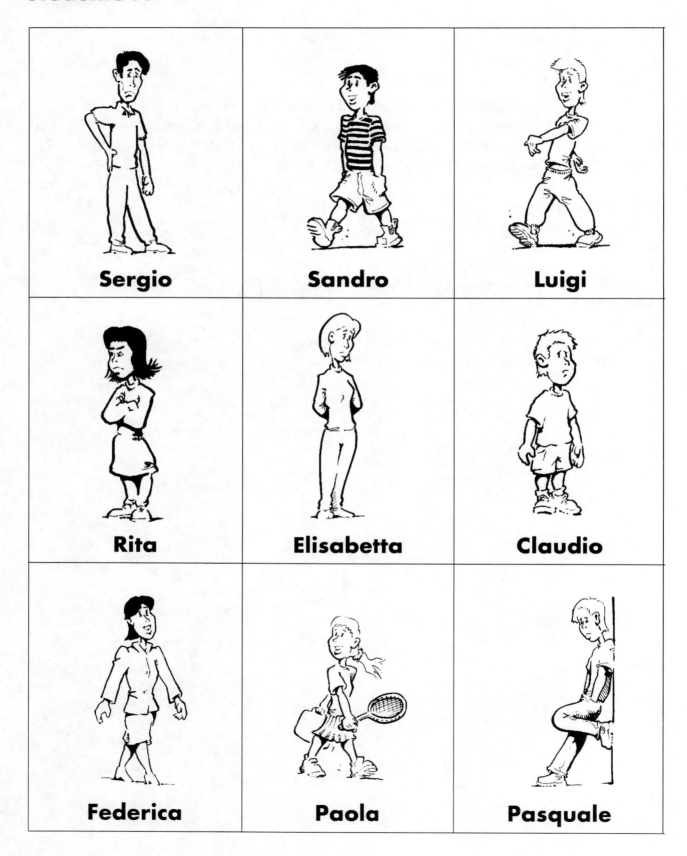

Sergio

Sandro

Luigi

Rita

Elisabetta

Claudio

Federica

Paola

Pasquale

Studente B

Sette	**Sorbi**	**Calderoni**
Della Penna	**Lombardo**	**Zavoli**
Roncalli	**Romano**	**Pozzi**

Tape scripts

A Saluti

Listen to each conversation, and circle the greeting you hear.

1 Ciao, Marco, come stai?
2 Tu sei Lucia, vero? Benvenuta a Urbania.
3 È tardi. Arrivederci, Giorgio. A domani.
4 Salve, Carmela. In che classe sei?
5 Buonasera, signora. Molto lieto.
6 Signora Caluzzi, buongiorno. S'accomodi.
7 Salve, Francesco. Stai bene oggi?
8 Professore, buongiorno. Le posso offrire un caffè?
9 Silvia, finalmente, ciao. Ma sai che è più di un'ora che ti aspetto.
10 Arrivederci, ragazzi, e grazie del caffè.

B Come stai?

The people listed below are telling us how they feel. Highlight the facial expression which best describes what they say. Listen carefully to who is speaking because they are not listed in order.

1 – Buongiorno, professor Conti. Come sta?
  – Beh, non c'è male, grazie.

2 – E Lei, signora Pasotto?
  – Mmm…molto bene. Sì, molto bene, grazie.

3 – Ciao, Dora. Come stai?
  – Così, così. Ho dormito poco ieri sera.

4 – Uei!, Adele. Come stai?
  – Ma…non c'è male. Meglio di ieri.

5 – Io sto bene oggi. E tu, Franco?
  – Anch'io sto bene.

6 – Aldo, come stai? Mi sembri un po' stanco oggi.
  – No, anzi, sto molto bene.

7 – Buongiorno, signor Ferri. Come sta?
  – Sto male. Sono in ritardo.

8 – Abbiamo finito quest'esercizio. Come stai adesso, Carla?
  – Sto male. Ho un mal di testa tremendo.

C In che classe è?

There are quite a few new students enrolled at the **Centro Studi** this term. As two of the teachers check through their lists, write the number of the class level under the appropriate name.

1 – In che livello è Lucia Burns?
  – Lucia Burns? È nel livello intermedio cinque.

2 – E Tim Lovely?
  – Allora, lui è nel livello…principianti tre.

3 – E Maura Ferri in che livello è?
  – Vediamo un po'. Maura Ferri… principianti due.

4 – E Stefano Meyer?
  – Mmm…non lo trovo…Ah, eccolo! Intermedio sei.

5 – Poi c'è Franco Olimpo.
  – Lui è nel livello avanzato sette.

6 – E in che livello è Cecilia Utbult?
  – Cecilia…non è nel livello avanzato otto? Sì, infatti.

7 – E Armando Persico?
  – Persico…Persico, dov'è? Eccolo, intermedio quattro.

8 – In che livello è Caterina Faucheur?
  – Dunque, Caterina è nel livello avanzato nove.

Ascoltiamo! ☐

D È una domanda? È una domanda.

Listen carefully to the following phrases and add the appropriate punctuation mark at the end of each sentence: a question mark if you hear a question, or a full stop if you hear a statement.

1 Il professore si chiama Consuelo Bucchi?
2 Lei è una studentessa?
3 Annamaria è olandese.
4 Questo è il livello cinque?
5 Cecilia Utbult è nel livello otto.
6 Consuelo è un nome femminile?
7 Il professore è alto e biondo.
8 Carlo e Stefano sono italiani?
9 Sei molto gentile?
10 Ci siamo?

E Qual è il tuo numero di telefono?

The new students in Urbania are getting one anothers' phone numbers. Jot the numbers down as you hear them.

1 – Tim, mi dai il tuo numero di telefono, per favore?
– Come no! È 31 89 50.

2 – Carlo, il tuo numero di telefono me lo dai?
– Sì, certo. Il mio numero è 57 16 92.

3 – Gianna, senti, qual è il tuo numero di telefono?
– Ma te l'ho già dato! 31 72 82.

4 – Stefano, non ricordo il tuo numero di telefono. Me lo ripeti, per favore?
– Certo. Hai una penna? Dunque, 45 20 88.

5 – Cecilia, ti telefono più tardi per dirti cosa si fa stasera.
– Va bene. Ti do il mio numero di telefono. 36 04 24.

6 – Caterina, devo scappare. Dammi il tuo numero e ti telefono stasera.
– O.K. Il mio numero è 93 47 16.

F Com'è?

With so many new students at the **Centro Studi**, it's hard to remember who's who. Listen to the descriptions of the students and tick the characteristics which apply to each person.

1 – Chi è Lucia Burns?
– È la ragazza alta e bionda.

2 – E Tim Lovely?
– È il ragazzo americano. È biondo ed è sempre contento.

3 – E chi è Mauro Ferri?
– Lui è il ragazzo basso che sembra un po' triste.

4 – E il ragazzo tedesco…Stefano Meyer?
– Stefano è il ragazzo alto e bruno.

5 – Franco Olimpo…Non ce l'ho presente.
– Mmm…Olimpo…Olimpo…Ah sì, lui è alto e biondo.

6 – E Cecilia Utbult chi è?
– Non conosci Cecilia? È un po' bassa ed è sempre contenta.

7 – Quel ragazzo australiano…Armando Persico.
– Persico…non ricordo bene. Non è il ragazzo bruno? Sai, quello che è sempre triste.

8 – E quella ragazza francese, Caterina Faucheur, chi è?
– Lei è la ragazza bruna e bassa.

G Mi presento...

See if you can match the descriptions given with the people below. Place the number in the appropriate box.

1 Buongiorno, ragazzi. Io sono alto e bruno, ma non sono contento. Non mi piace la scuola, non mi piace l'italiano. Mi chiamo Mimmo Portelli. Arrivederci.

2 Che lagna che sei. Io sono sempre contenta. Sono anche alta e bruna e mi piace molto questa scuola. Chi sono? Io sono Erica Adorno. Ciao.

3 Io non sono alta. Sono bassa e bionda. Sono anche un po' triste perché mi mancano mamma e papà. Chi sono io? Mi chiamo Angela Storti. A presto, mamma!

4 Mi dispiace. Io, invece, sto molto bene e sono contento di essere qui. Io sono alto e biondo, e mi chiamo Alberto Alberti. Molto lieto.

5 Ma guarda un po'! Anch'io sono alta e bionda e sono sempre contenta. Abbiamo molto in comune, vero? Oh scusi, permette che mi presenti. Io mi chiamo Manuela Toscano. Piacere.

6 Io, invece, non sono alto, anzi, sono piuttosto basso. Sono anche bruno, e contento di essere in questo paese bellissimo. Chi sono? È facile, no? Io sono Carlo Fabbri. Ciao.

2 – Buongiorno, signorina. Come si chiama?
   – Mi chiamo Rita Gomez.
   – È spagnola?
   – Sì, sono spagnola, di Barcellona.

3 – Alfredo, ciao. Come stai?
   – Bene, grazie. E tu?
   – Beh, non c'è male. Si tira avanti…

4 – Ecco la professoressa Parisi. Buonasera, professoressa.
   – Buonasera, Carlo.
   – Professoresssa, Le presento la mia amica Silvia.
   – Piacere, Silvia. Come sta?
   – Molto bene, grazie.

5 – Ciao, Paolo.
   – Ciao, Marco.
   – Paolo, dimmi, in che classe sei?
   – Sono nel livello avanzato otto.
   – E Luisa?
   – Lei è nel livello avanzato sette.

6 – Permesso?
   – Avanti. Buongiorno, signora.
   – Buongiorno. C'è il dottor Marchetti?
   – Sì, Lei è…?
   – Io sono la signora Pertini.
   – Va bene. S'accomodi, signora.

Now listen again and write the names of the people under the appropriate illustrations.

H Ci diamo del tu?

How well do these people know one another? Are they using the **tu** or **Lei** form? Circle the appropriate word.

1 – Buongiorno, professore. Come sta?
   – Bene, grazie, signora Brunetti, e Lei?
   – Non c'è male, grazie.

Ho Capito ☐ ████████ ...

Objectives

- To introduce students to different Italian regional accents
- To practise understanding the language learnt even when it is surrounded by more difficult utterances
- To expose students to a greater variety of voices and intonations
- To prompt discussion on aspects of Italian language and culture

Suggested approach

- Ask students to read the four questions on page 11 of their *Textbook*. Then listen to one dialogue at a time. Find out if the *students* have understood. Replay the section of the cassette more than once to verify students' answers or to make sure all students have understood.

Ideas for discussion

- Italian dialects
- Standard Italian and regional Italian:
  - Even Florentine, which is considered the closest to standard Italian, has its peculiarities, e.g. inter-vocalic 'c': **la hasa (casa)** and **la hoha hola** (Coca Cola)
- Italian tourist destinations:
  - Costa Smeralda
  - Teatro Romano di Taormina
  - L'Isola di Capri
  - Portofino e la Costa Ligure
  - L'Arena di Verona
  - Il Castello di Urbino

Tape script

1 Ciao! Mi chiamo Marcella...Marcella Brambilla. E...sono qui a Porto Cervo in Sardegna e...con mio marito (...ne). E...veramente noi...noi non siamo di qui. Facciamo i turisti. Siamo milanesi e... abitiamo proprio al centro di Milano. Che bel tempo qui. E...stiamo molto bene.

2 Allora...benvenuti a Taormina. Io sono Antonio, Antonio Latini. E...abito qui a Taormina...sono di qui. E...che cosa vi posso dire? Io sto molto bene qui...è una bella bella cittadina. Dico a tutti di venire a trovare questa bellissima città.

3 Io? Io sto bene, grazie. E certo. Sono in vacanza, all'isola di Capri. Quanto *me* piace Capri. Ma io non sono di qui. Sono di Roma. Ah...vuoi sapere come mi chiamo. Io sono Claudio Pacotto. Claudio Pacotto.

4 Buongiorno. Mi chiamo Ceriati...Orio Ceriati. Mi trovo qui a Portofino con la mia barca. Sono molto stanco. Non sto tanto bene. Portofino è un posto meraviglioso. Ma io non sono di Portofino. Son di Bologna.

5 Siete qui per visitare l'Arena? ...Anch'io. Io sono Carmela Cozzolino. E...sono di Napoli. E...sono qui a Verona come turista. Come sto? Non c'è male. Arrivederci. Devo andare.

6 Salve. Mi chiamo Barbara. Barbara Nitti. Come sto oggi? Sto molto bene. Sono in vacanza qui a Urbino. È bello il castello di Urbino, vero? Io sono di Bari. Anche Bari è molto bella.

Capitolo due

Objectives

- To get to know each other by asking and answering questions about:
  - how old you are
  - where you live
  - what you do
  - what you like and dislike
  - what you're studying
  - what languages you speak
- To give opinions and express agreement and disagreement
- To describe yourself and others
- To order snacks and drinks

Language points

- **avere**
- use of subject pronouns
- **quanti anni hai?**
- **-are** verbs
- **lo, l', gli** – definite article
- **uno, un'** – indefinite article
- **abito a/in**
- position of adjectives
- **mi piace, ti piace**
- nouns ending in **-tà**
- nouns ending in a consonant

Key expressions

Che cosa fai?
Quanti anni hai?
secondo me
sei/sono d'accordo
mi/ti piace
mi dispiace
Scherzi!
Prego?
grazie/prego

Gioco

Gioco di memoria

Group size: 6 to 8
Language: describing people – **essere**, adjectives

- Make sure students are familiar the with vocabulary on pages five and 24 of the *Textbook*.
- Sit the students in a circle facing one another. The first student starts by giving a decription of herself:
  - **Io sono bionda.**
- The student next to her repeats that description and adds another. Then he says something about himself:
  - **Tu sei bionda e sei anche alta. Io sono carino.**
- The third student continues in the same way.
  - **Maria è bionda e alta. Tu sei carino ma sei anche pesante. Io sono pigro.**
- Continue going around the circle and building on the descriptions. When a student makes a mistake he is out. The last student remaining is the winner.

Test – Capitolo due ☐ ███████████████ ...

A Al bar

Label these illustrations using the
correct form of the definite article.

Nome _____

Cognome _____

Classe _____

1 _____

2 _____

3 _____

4 _____

5 _____

6 _____

7 _____

B Che cosa fai?

Write the infinitive of the verbs suggested by the following illustrations.

1 _____ 2 _____ 3 _____ 4 _____ 5 _____

C Che cosa hai questa mattina?

What subjects do we have at school this morning? Write a sentence for each one.

1 Maria
2 Aldo
3 tu e Michele
4 io
5 Dora
6 tu
9 tu e Franco
7 io e Luisa
8 Domenica e Adele

1 _____

2 _____

3 _____

4 _____

5 _____

6 _____

7 _____

8 _____

9 _____

D Parole piccole

Complete these sentences by writing in the correct word. Choose from the words in the box below.

con	se	anche	e
ma	così	qui	che

1 Luisa _____ Maria hanno molti amici.

2 Secondo me, Carlo è simpatico _____ Lucia non è d'accordo.

3 _____ a Urbania, stiamo molto bene.

4 _____ Carlo prepara un piatto speciale, forse viene _____ Lucia.

5 Lucia è carina, ma è _____ seria!

6 _____ cosa prendi _____ il caffè? Un dolce o un panino?

Test – Capitolo due ☐ ▪▪▪▪▪▪▪▪▪▪▪▪▪▪ **...**

E Al bar

Guido and his friends are having lunch at the bar today. Guido has offered to order for everyone. The illustrations in the thought bubble tell you what he is ordering. Write a dialogue.

Cameriere: _____

Guido: _____

_____

_____

Cameriere: _____

Guido: _____

Cameriere: _____

Guido: _____

F Di dove sono?

For each of the people listed on the following page, write sentences stating their nationality, their age and the city they live in. The number of the exercise corresponds to the number on the map.

● **1** San Francisco

● **3** Perth

● **9** Stoccolma

8 Londra ●

● **7** Rotterdam

● **4** Francoforte

● **2** Lione

● **5** Milano

● **6** Barcellona

Test – Capitolo due

1   Lois and Sandy (18 anni) _____

_____

2   Gerard (11 anni) _____

_____

3   Wayne and Bruce (15 anni) _____

_____

4   Helga (12 anni) _____

_____

5   Paolo (20 anni) _____

_____

6   Concita and Paco (16 anni) _____

_____

7   Stefania (13 anni) _____

_____

8   Garry (16 anni) _____

_____

9   Ingrid and Jenny (14 anni) _____

_____

G Che cosa fa?

When do these people usually do these activities? **Ogni sera, mattino o pomeriggio?**
Write a sentence for each one.

1 Enza

2 io

3 Anita e Rita

4 Tu

5 Noi

6 Voi

7 I ragazzi

8 Tu e Flora

9 Io e Silvia

1 _____

2 _____

3 _____

4 _____

5 _____

6 _____

7 _____

8 _____

9 _____

Test – Capitolo due ▯ ███████████ ...

H Ma diamoci del tu

Where appropriate, rewrite the questions la professoressa Bucchi asked Carlo, changing them to the familiar **tu** form. Then write how you think Carlo answered.

Professoressa Bucchi: Signor Cuomo, di dov'è Lei?

_____

Carlo: _____

Professoressa Bucchi: Ma ha un nome italiano?

_____

Carlo: _____

Professoressa Bucchi: A casa parla italiano con papà e mamma?

_____

Carlo: _____

Professoressa Bucchi: Mangiate sempre all'italiana? Che cosa cucina la mamma?

_____

Carlo: _____

Professoressa Bucchi: Qui a Urbania, lavora molto? Studia ogni giorno?

_____

Carlo: _____

I E tu che cosa fai?

Answer these questions about yourself.

1 Quanti anni hai? _____

2 Parli bene l'italiano? _____

3 Quante lezioni di italiano hai ogni settimana? _____

4 Ascolti e canti la canzone 'L'italiano'? _____

5 Mangi la pasta? Che tipo? _____

6 Come sei tu? Alto, timido…? _____

J **Ecco i miei amici**

Write a paragraph about each of the following people or pairs. Include the details about their age, where they're from and what languages they study at school.

nome	Sergio
età	19
città	Urbania
lingue	inglese

1 _____

_____

_____

nome	Sandro
età	15
città	Perugia
lingue	inglese, latino

nome	Luigi
età	16
città	Perugia
lingue	inglese, latino

2 _____

_____

_____

_____

nome	Rita
età	17
città	Palermo
lingue	francese, tedesco

nome	Elisabetta
età	17
città	Agrigento
lingue	francese, tedesco

3 _____

_____

_____

_____

Test – Capitolo due

nome Federica
età 19
città Venezia
lingue latino, greco antico

4 _____

_____

_____

nome Claudio
età 13
città Pescara
lingue francese, tedesco

nome Paola
età 14
città Bari
lingue francese, tedesco

5 _____

_____

_____

_____

L'interrogazione

Ask individual students questions related to the *Textbook*. Here are some examples.

1 Using the **fotoromanzo**
   e.g. – Guarda la foto numero nove.
         – Che cosa prende Caterina/Carlo/il signore?
         – Chi c'è nella foto numero 11?
         – Che cosa fa Carlo?

2 Using **Botta e risposta**
   e.g. – Apri il libro a pagina 22.
         – Quante ragazze ci sono?
         – Come si chiama la ragazza bruna?
         – Che cosa prende?

Preparate una scenetta
Role play

1 Divide the class into groups of four or five.
2 Make copies of the **Bar Tavola Calda** menu and give one to each group.
   Ask each of the groups to prepare a short play.
3 Set the scene.
   A group of students goes to the **Bar Tavola Calda**. They discuss what is good at this bar and what isn't. They decide what they each will have. They then call the waiter to their table and order.
4 Ask the students to decide who will play the role of the waiter.

La scenetta
bell'e pronta

Al Bar Tavola Calda

Personaggi: Lina, Giovanni, Stefania e il cameriere

Giovanni: Un menu, per favore.

Cameriere: Ecco a Lei, signore.

Giovanni: Grazie.

Cameriere: Prego.

Stefania: Che cosa prendi?

Lina: Io prendo un gelato. I gelati sono molto buoni qui.

Stefania: Un gelato? Io prendo un dolce.

Giovanni: E io prendo un panino.

Lina: Scusi, siamo pronti.

Cameriere: Prego, signorina. Che cosa prende?

Lina: Vorrei un gelato e un'acqua minerale, per favore.

Cameriere: Molto bene. E Lei?

Giovanni: Io prendo un panino e un'aranciata.

Stefania: Io vorrei la pasta e un cappuccino, per favore.

Cameriere: Ecco signori. Un gelato, un panino e…la pasta.

Stefania: Spaghetti. Ma no. Io vorrei un dolce.

Cameriere: Ah…ho capito, una pasta non la pasta.

Stefania: Scusi. Mi dispiace.

Bar Tavola Calda

Menu

focaccia	Lire 3.000
panino	Lire 2.500
spaghetti alla napoletana	Lire 7.500
minestrone	Lire 6.000
paste	Lire 2.500
gelato vaniglia	Lire 3.500
cioccolato	Lire 3.500
banana	Lire 3.500
caffè	Lire 3.500
caffè	Lire 1.500
tè	Lire 1.500
cappuccino	Lire 2.500
acqua minerale	Lire 1.200
aranciata	Lire 2.500
Coca-Cola	Lire 2.500
vino	Lire 1.600
succo di frutta	Lire 2.500
birra	Lire 4.500

A Che cos'ha?

Type of activity: finding the differences
Aim: to talk about what people have
Language: **avere**, classroom and food vocabulary
Number of students: 2

1 Make a copy of the **Studente A** and **Studente B** material for each pair.
2 Divide the class into pairs and give each pair a **Studente A** and **Studente B** sheet.
3 Make sure they don't look at each other's sheet.
4 Ask them to find the four differences between what is on **Studente A**'s sheet and what is on **Studente B**'s sheet.
5 Have the students record the differences by listing the items under the heading **Le quattro differenze**.

Ecco un esempio

Studente A: Qui Lucia ha un quaderno, una penna e un panino.
Studente B: Sì, anche qui. Ma che cosa hanno Sonia e Francesca?
Studente A: Sonia e Francesca hanno due cassette e due libri.
Studente B: No, qui è differente. Sonia e Francesca hanno…

Che cos'ha?

Studente A

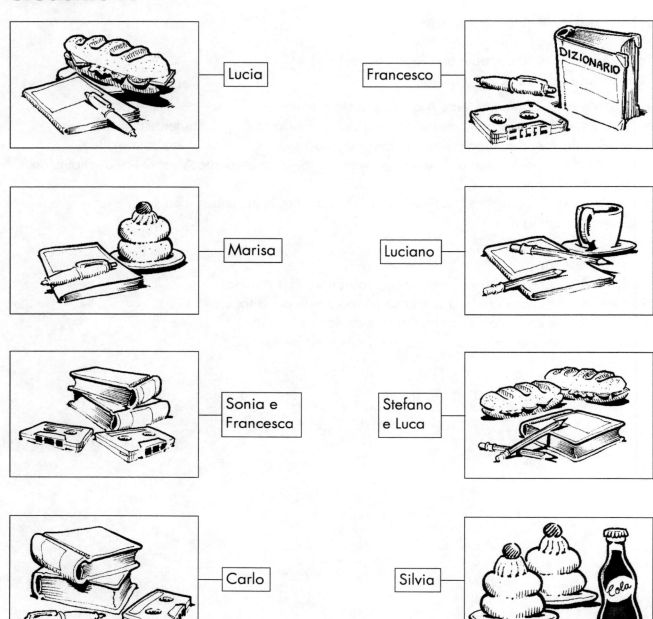

Lucia

Francesco

Marisa

Luciano

Sonia e
Francesca

Stefano
e Luca

Carlo

Silvia

Le quattro differenze:

_____

_____

_____

_____

Studente B

 — Luciano

Stefano e Luca —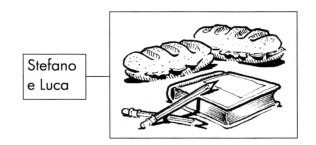

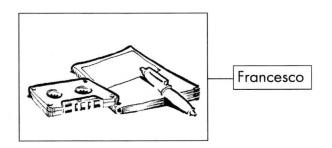 — Francesco

Lucia —

 — Silvia

Marisa —

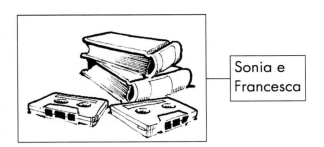 — Sonia e Francesca

Carlo —

Le quattro differenze:

_____

_____

_____

_____

B Che cosa prendi?

Type of activity: finding the differences
Aim: to order snacks and drinks
Language: **prendo/prendi**, bar vocabulary
Number of students: 6

1 Divide the class into groups of six.
2 Make copies of the set of six pictures, and cut them so that you have six cards.
   Give a set to each group – one card to each student.
3 Make sure they don't look at one another's card.
4 Ask each student to find what is different about what they have on their card – either the type
   of item or the number of items will be different from everyone else's.
5 Once they have found the differences, ask the group to report the differences to you.

Ecco un esempio

Studente A: Io prendo un'aranciata.
Studente B: Anch'io prendo un'aranciata.
Studente C: Anch'io.
Studente D: Io non prendo un'aranciata. Prendo un'acqua minerale un caffè e una birra.
Studente E: Io prendo un'acqua minerale e un caffè.
Studente F: Anch'io…
Studente D: Chi prende una birra? Tu prendi una birra?
Studente A: No, io non prendo una birra.
Studente D: Allora solo io…va bene.

…alla fine

Studente D: Io prendo una birra ma non prendo un'acqua minerale.
Studente A: Io non prendo solo un panino, io prendo tre panini.
Studente B: Io non prendo un caffè, prendo un tè.
Studente C: Io non prendo l'acqua minerale, prendo un cappuccino.
Studente E: Io prendo due dolci e non solo uno.
Studente F: E io prendo due focacce, non solo una.

Che cosa prendi? ☐ ████████████ ...

Tape scripts

A I miei amici

Listen as these people tell us where they live and how old they are. Write their ages next to their names and draw a line to connect each person with the city they live in.

1 Ciao. Mi chiamo Elisa. Ho dodici anni e abito a Cagliari.

2 Io, invece, abito proprio sul Lago di Garda, a Gardone. È molto bello qui. Oh, scusi. Mi chiamo Corrado e ho diciassette anni.

3 Io sono Ettore, ho quattordici anni, e anch'io abito in una città molto bella. Abito a Taormina, in Sicilia.

4 Io mi chiamo Diana. Ho quindici anni e sono napoletana. E sì, abito proprio nel centro di Napoli.

5 Salve, ragazzi. Io sono Alice. Ho diciannove anni. E sono fortunata perché abito vicino al mare in una città che si chiama Rimini.

6 Vicino a Rimini c'è Ravenna. Io abito lì, a Ravenna. Mi chiamo Fabio e ho tredici anni.

B Come sono?

Listen as some of the more gossipy students at the **Centro Studi** talk about their fellow students. Circle the words they use to describe them.

1 – Ti piace Alida?
  – Sì, mi piace Alida. È simpatica e anche spiritosa. Scherza sempre.

2 – E Fulvio? È antipatico, no?
  – Beh, secondo me, Fulvio è antipatico e molto pesante. Parla anche troppo.

3 – Carla è simpatica, vero?
  – Macché, scherzi? Carla?! No, è troppo timida e, secondo me, è anche pigra.

4 – Matilde mi piace, è carina.
  – Sì, sono d'accordo. È carina ed è anche divertente.

5 – Franz non mi piace.
  – Peccato! È serio, sì, ma è anche sincero.

6 – Patrizio non è molto divertente, vero?
  – No. È un ragazzo tranquillo, ma è abbastanza bravo.

7 – E Walter?
  – È sempre occupato. Studia giorno e notte. Secondo me, è noioso.

8 – Rosalba lavora sempre e non scherza mai. È antipatica, vero?
  – Ma no, non è antipatica. È simpatica invece, anche se è un po' seria.

C Al Bar Centrale

At mid-morning, the **Bar Centrale** is popular with students and locals. As the waiter goes from table to table, make a note of the number of items ordered at each table.

Tavolo 1
  – Buongiorno, buongiorno, buongiorno professoressa. Che cosa prendete oggi?
  – Quattro caffè e...tre paste, per favore.

Tavolo 2
  – Ah, signor Martini, signora Martini, che cosa prendete oggi?
  – Buongiorno. Ah, due aranciate e una focaccia, grazie.

Tavolo 3
  – Ah, e voi ragazzi, siete pronti per ordinare?
  – Sì. (Elio, Claudio, Lisa...) quattro cappuccini e tre caffè, grazie.

Tavolo 4
  – Professore Talozzi, Lei...?
  – Un tè per me e...quattro coche per i miei figli, per favore.

Ascoltiamo! ▢ ▮ ...

Tavolo 5
- Che cosa prendete, ragazzi?
- Allora, (Anna, Maria, Caterina...) cinque focacce...quattro birre e un'acqua minerale, grazie.

Tavolo 6
- Presto, ragazzi, sono molto occupato.
- Va bene, va bene. Ah, quattro paste, due coche e due birre.

Tavolo 7
- Eccomi Signor Franceschini. Che cosa prende?
- Vorrei un panino e un'acqua minerale, grazie.

Tavolo 8
- Ah, professore, ordina Lei per la sua classe?
- Sì, prendiamo (uno, due) tre caffè, due cappuccini e...gelati per tutti? Sì? Prendiamo anche cinque gelati, grazie.

D Che cosa ti piace?

What do these people like doing? Write the appropriate numbers in the boxes below.

1   Buongiorno, mi chiamo Flavia Montali. Faccio la professoressa all'Istituto Carducci a Catania. Gli studenti non sono tutti bravi; anzi parlano e scherzano sempre. Nonostante questo, mi piace insegnare.

2   Ciao, io sono Pasquale Sordi. Ho quattordici anni e abito a Milano. Studio molto e di pomeriggio lavoro per mio padre, ma nel mio tempo libero mi piace ascoltare la radio.

3   Salve, ragazzi. Mi chiamo Dora Franceschi e sto molto bene. Ho ventitré anni e parlo tre lingue: l'italiano, il tedesco e l'inglese. Parlo molto. Parlo sempre: con gli amici, al lavoro, al telefono...sì, mi piace parlare.

4   Buonasera a tutti. Mi chiamo Alfredo Zucchi. Abito a Venezia con la mia famiglia: mia moglie Carmela e mia figlia Laura che ha due anni. Di giorno lavoro, ma dopo il lavoro mi piace cucinare.

5   Io sono Anna Mancuso. Ciao. Frequento il liceo linguistico ad Urbino. Parlo tre lingue ma non mi piace studiare. Purtroppo sono un po' pigra. A scuola ho tanti amici e più di qualsiasi altra cosa, mi piace scherzare con loro.

6   Buonasera. Mi chiamo Beppe Salucci. Abito a Mestre ma lavoro a Venezia. Lavoro in un bar in Piazza San Marco. Molti turisti visitano Venezia e così è molto importante parlare altre lingue. Di sera frequento una scuola serale per imparare l'inglese. Mi piace studiare.

7   Buongiorno. Mi chiamo Dario Rizzitelli ed ho diciannove anni. Frequento l'università a Roma. Studio l'italiano, l'inglese e l'informatica. Forse studio troppo, ma nel mio tempo libero mi piace lavorare in giardino.

E Mi presento

Read through the statements below, then listen as one of the students in Urbania tells us about himself. Circle **vero** if the statement is true, or **falso** if it is false.

Ciao. Mi chiamo Giovanni Hoffmann. Ho diciannove anni e sono tedesco. Abito a Francoforte in Germania. Parlo tre lingue: il tedesco, l'inglese e l'italiano. Sono qui a Urbania perché mi piace l'Italia e mi piace l'italiano. Purtroppo non mi piace studiare perché...beh...sono anche un po' pigro. In classe scherzo sempre con tutti, anche con il professore. Lui è bravo ma è molto serio.

Objectives

- To introduce students to Italian spoken in the media – in this case a disc jockey
- To practise understanding language learnt even when spoken quickly and surrounded by unfamiliar expressions
- To expose students to a variety of intonations

Suggested approach

- Ask students to read the four questions on page 27 of their *Textbook*. Then listen to one dialogue at a time. Find out if the students have understood. Replay the section of the cassette more than once to verify students' answers or if students have not understood.

- You may wish to photocopy the script and have students listen again while following the text.

Ideas for discussion

- Italian radio and TV
  - the abundance of stations including regional and local
  - the Italian pop scene, the dominance of English songs (bring a copy of the latest Italian pop chart to class)

Tape script

1 Eccoci di nuovo su Radio Mondial 108 FM. Due ore di musica continua con Luca. Ma ora partiamo subito con le richieste. Ecco a voi Valeria Riccardi. Abita a Cagliari, capito mi hai, in Sardegna. Ha diciotto anni e parla anche inglese...e brava Valeria! E per te abbiamo scelto...Prince!

2 E ora ecco a voi Claudia Piccione! I suoi amici la chiamano Pinocchio. È una ragazza intelligente. Parla tre lingue; francese, tedesco e naturalmente italiano. Ha quindici anni e abita a Bari. Chi sa che naso lungo avrai Pinocchio! Per te gli Articolo 31!

3 Ci ha chiamato anche Francesco Frosi, che è di Milano e ha undici anni...e a scuola studia il francese. *E bien, pour toi*...Ramazzotti!!

4 Ci ha faxato Alba Pasotto. Abita ad Urbania. Ha quasi tredici anni...ma sei proprio una signorina! Parla inglese molto bene e sa anche qualche parola di tedesco. *Guten tag* Alba! Per te Elio e le Storie Tese!

5 Ci ha chiamati una mula...Elena Cementon, di Udine. Ha venti anni. Ha vissuto negli Stati Uniti...beata te Elena. Parla inglese molto bene...vorrei anche vedere. È all'università di Venezia, studia anche lo spagnolo. *E bien, por tigo* Julio Iglesias!!

Objectives

- To talk about places and events, including:
  - asking and giving addresses and directions
  - talking about entertainment, sports and pastimes
  - asking and giving the time
  - discussing festivities and dates
  - arranging to go out
  - talking about what you and people are doing
  - saying what you like and don't like doing
- To write letters

Language points

- **-ere** verbs
- **andare**
- **venire**
- **fare**
- **a** + definite article;
- **da** + definite article
- **mi piace/mi piacciono**
- numbers
- **molto, tanto, troppo**

Key expressions

Ottima idea!
ci vediamo…lunedì…domani…
c'incontriamo…
mi piacciono molto
non mi piace affatto
Che ora è?
Uffa!
Poveretto!

Capitolo tre

Gioco ☐

Chicchirichì

Group size: whole class
Language: numbers

- This game is the Italian equivalent of Buzz.
- Ask everyone to stand around the room facing one another.
- Starting from a given number, ask students to count. Then ask every third, fourth or fifth person to say **chicchirichì** instead of the number.
  e.g. **quindici, sedici, diciassette, chicchirichì, diciannove…**
- The same can be done with multiples of a number or counting backwards.
  e.g. **cento, novantacinque, novanta, chicchirichì, ottanta**
- When someone makes a mistake, they sit down. The last person standing is the winner.

Nome _____

Cognome _____

Classe _____

A Un articolo

Write the correct definite article in front of each word, then write the plural.

1 ____ fratello_____   6 ____ classe_____

2 ____ macchina_____   7 ____ amica_____

3 ____ ufficio_____   8 ____ museo_____

4 ____ sport_____   9 ____ spesa_____

5 ____ giornale_____   10 ____ studente_____

B Dalle tre alle quattro

Fill in the correct forms of **a** and **da** with the article.

1 Ogni sabato sera____otto vado____cinema.

2 Quando ritorno____ ufficio postale, faccio i compiti.

3 Va bene! Vado____ supermercato questo pomeriggio.

4 A che ora ritornate____lezioni?

5 Vuoi venire____ festa?

6 Scusi, come si arriva____ ristorante?

Test – Capitolo tre □ ▪▪▪

C Che giorno è? Che ore sono?

Beside each digital display write two sentences, giving the time and day of the week shown.

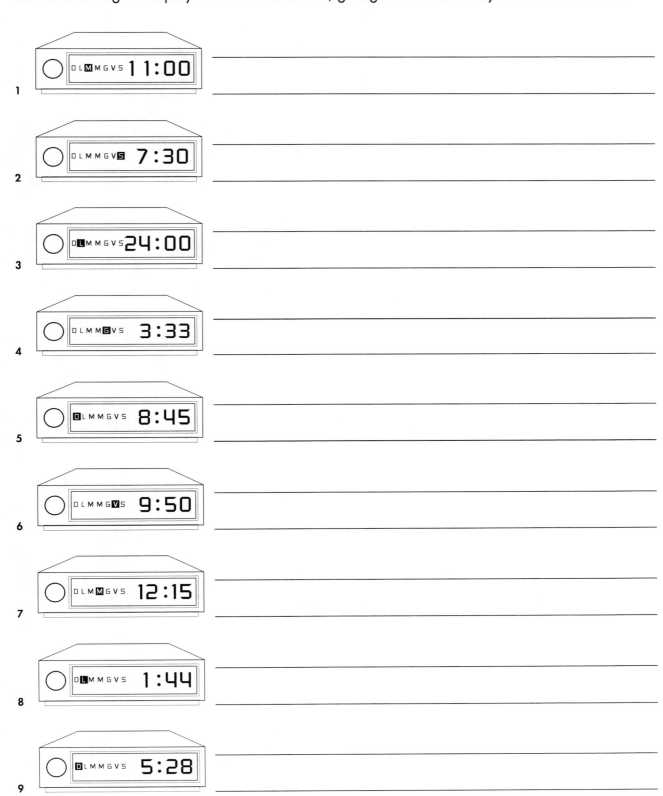

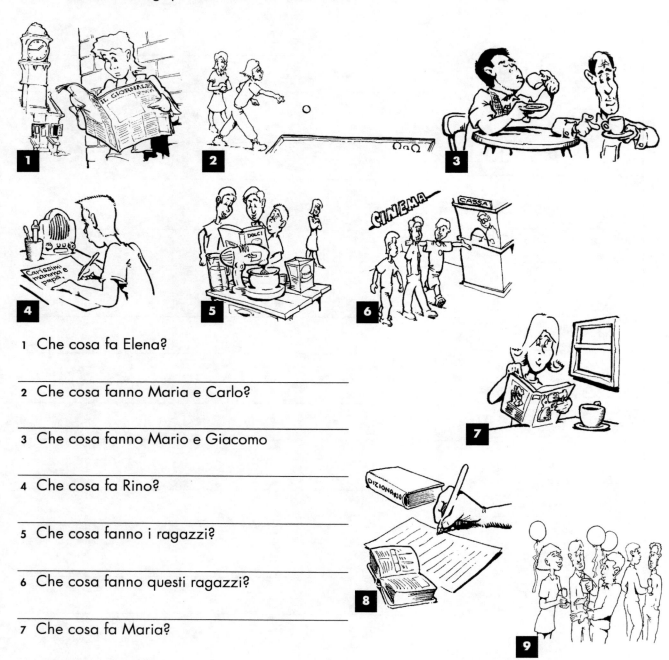

D Che cosa fanno?

Answer the following questions related to the illustrations.

1 Che cosa fa Elena?

_____

2 Che cosa fanno Maria e Carlo?

_____

3 Che cosa fanno Mario e Giacomo

_____

4 Che cosa fa Rino?

_____

5 Che cosa fanno i ragazzi?

_____

6 Che cosa fanno questi ragazzi?

_____

7 Che cosa fa Maria?

_____

8 Tu che cosa fai?

_____

9 Dove vanno i ragazzi?

_____

10 Che cosa fa Gianni?

_____

E C'è chi va...

Write a sentence connecting the people with the places represented in the illustrations, saying where the people are going.

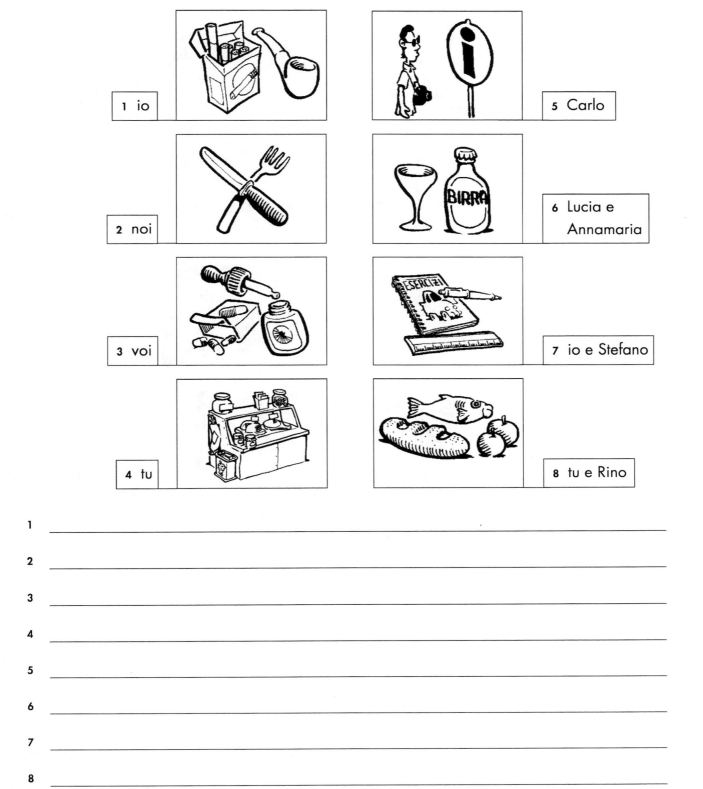

1 io

2 noi

3 voi

4 tu

5 Carlo

6 Lucia e Annamaria

7 io e Stefano

8 tu e Rino

1 _____

2 _____

3 _____

4 _____

5 _____

6 _____

7 _____

8 _____

Test – Capitolo tre

F ...e c'è chi viene

Write a sentence connecting the people with the places represented in the illustrations, saying where the people are coming from.

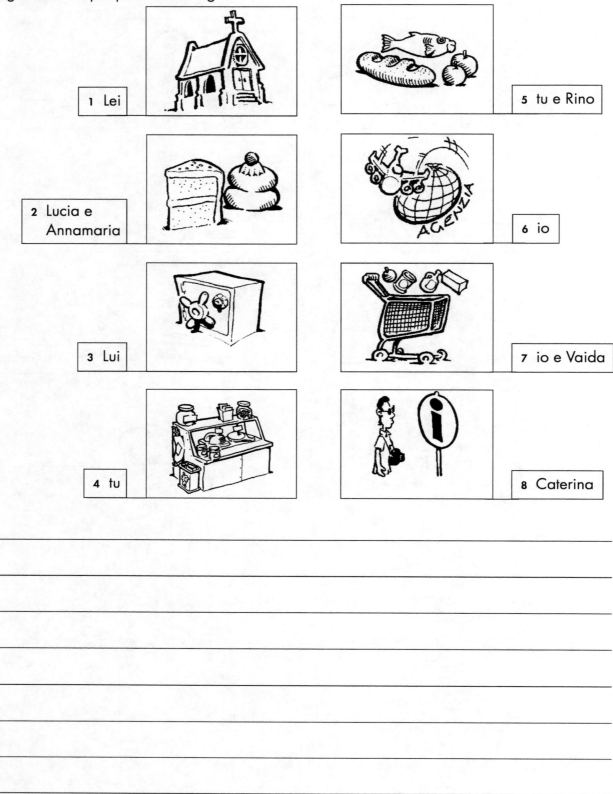

1 Lei

2 Lucia e Annamaria

3 Lui

4 tu

5 tu e Rino

6 io

7 io e Vaida

8 Caterina

1 _____

2 _____

3 _____

4 _____

5 _____

6 _____

7 _____

8 _____

Test – Capitolo tre █████████████ •••

G Che cosa fai?

Write full-sentence answers to the following questions related to the illustrations.

1 Dove sei adesso?

_____

_____

5 Voi, dove siete?

_____

_____

2 Che cosa fai domani?

_____

_____

6 Che cosa fate sabato?

_____

_____

3 Che cosa fate questo pomeriggio?

_____

_____

7 Oggi dove mangiate?

_____

_____

4 Che cosa fa Carla?

_____

_____

8 Dove fate la spesa?

_____

_____

🄷 Ti piace o no?

Write how much you like or dislike doing the activities illustrated below.

Now write how much you like or dislike the things illustrated below.

1 _____

_____

7 _____

_____

2 _____

_____

8 _____

_____

3 _____

_____

9 _____

_____

4 _____

_____

10 _____

_____

5 _____

_____

11 _____

_____

6 _____

_____

12 _____

_____

Test – Capitolo tre ☐ ███████████████ •••

I Il mio diario

Enter ten different appointments in your diary for this week. Write in full sentences the time, the place, what you are doing and with whom.

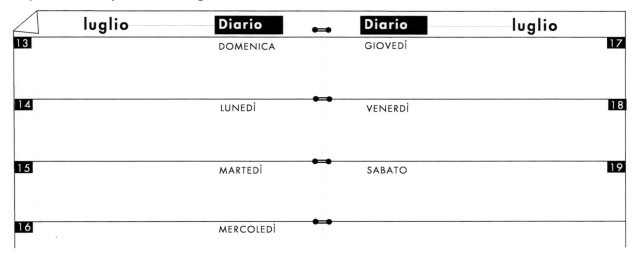

luglio	Diario	⊷	Diario	luglio
13	DOMENICA		GIOVEDÌ	**17**
14	LUNEDÌ	⊷	VENERDÌ	**18**
15	MARTEDÌ	⊷	SABATO	**19**
16	MERCOLEDÌ	⊷		

J La lettera

You've decided to do a one-month Italian course in Urbania. Write a letter to Mrs Pasotto in which you:
   – introduce yourself
   – say where you live and what it's like
   – say you want to study Italian in Urbania
   – ask about Urbania and the school
   – say what you like and don't like doing
   – ask about fun and interesting things to do in Urbania

_____

_____

_____

_____

_____

_____

_____

_____

_____

_____

_____

L'interrogazione

Ask individual students questions related to the *Textbook*. Here are some examples.

1 Using **Una piccola città** on pages 28 and 29 of the previous chapter.
   e.g. – Guarda la prima foto.
       – Che cosa vedi? (una piccola città, la chiesa...)
       – È moderna o antica?

       – Guarda la foto numero cinque, la piantina.
       – Dov'è San Marino? (vicino Rimini)
       – E Loreto? (a sud di...a nord di...a est...)

2 Using the **fotoromanzo**
   e.g. – Guarda la foto numero 12.
       – Che cosa fa la signora Pasotto?
       – Perché Donatella è contenta?

       – Guarda la piantina al numero 14?
       – Come si arriva da Urbania a casa Pasotto?
       – Urbino è lontano da Urbania?

3 Using **Botta e risposta**
   e.g. – Apri il libro a pagina 38 e 39.
       – Dov'è il Palazzo Ducale?
       – Come si arriva al generi alimentari dalla farmacia?
       – Dov'è Carlo?
       – Come si chiama la chiesa?
       – È moderna?

       – Apri il libro a pagina 41.
       – Che cos'è *il Postino*?
       – Ti piacciono i film?
       – C'è un altro film questa settimana?
       – Che cosa c'è al Teatro Bramante?

Preparate una scenetta
Role play

1 Divide the class into groups of three.
2 Make copies of the **Programma** on page 67 of the *Workbook*, and give one to each group. Ask each of the groups to prepare a short play.
3 Set the scene.
   Two people visit a new friend for the first time. They argue about the address and how to get there. They arrive at the friend's house bringing a copy of the **programma delle manifestazioni**, and they ask her to go out with them.

   She turns out to be very fussy. There are lots of things she doesn't like. After considering a number of possibilities, they finally agree on where they will go. They end up disagreeing on where to meet.

La scenetta bell'e pronta

Una nuova amica

Personaggi: Luca, Amelia, Laura

Luca: Andiamo a vedere Laura.

Amelia: Sì, d'accordo. Mi piace Laura, e abita qui vicino.

Luca: Ma no, abita lontano, in Via Marconi.

Amelia: Via Marconi non è lontana, è molto vicina.

Luca: Scherzi! È lontana.

Arrivano alla casa di Laura.

Luca: Finalmente ci siamo!

Amelia: Uffa! Non è lontana, vero?

Laura: Oh, ciao Luca, ciao Amelia. Avanti. Venite dentro.

Luca: Senti Laura, noi andiamo al teatro questa settimana. Vieni anche tu.

Laura: Sì certo. Ottima idea. Mi piacciono le commedie.

Amelia: Ecco un programma. Lunedì al Teatro Bramante c'è *L'agenzia Generosa*.

Laura: Ma no. È troppo noiosa.

Luca: Allora venerdì c'è *Uffa, sei troppo pesante!* È spiritosa.

Laura: Spiritosa? Scherzi, è stupida.

Amelia: Allora andiamo a un concerto. Martedì c'è...

Laura: Non mi piacciono i concerti.

Luca: Una mostra?

Laura: Le mostre sono noiose.

Amelia: Non ti piacciono le mostre. Va bene, va bene, andiamo al bar a prendere un gelato.

Laura: Ottima idea! Mi piacciono i gelati!

Luca: Ti piacciono i gelati! Finalmente.

Amelia: C'incontriamo lunedì.

Luca: Io non sono libero. Perché non martedì.

Laura: Martedì io gioco a tennis. Venerdì sono libera.

Amelia: No, io lavoro, perché non...

Tutti parlano allo stesso tempo!

□ Tocca a voi

A Facciamo la spesa

Type of activity: information gap
Aim: to talk about where to go and how to get there
Language: andare, arrivare, ordinal numbers, shops
Number of students: 2

1 Make a copy of **La spesa** for each student.
2 Divide the class into pairs and give each student a copy.
3 Make sure they don't look at each other's sheet.
4 Tell the students that they're in Firenze and they have to go shopping for the items illustrated.
5 Explain that they must decide on the order in which they will visit the shops and draw the route on their individual maps.
6 Check that the students in each pair have understood each other, by comparing the routes they have drawn on their maps.

Ecco un esempio

Studente A: Dove andiamo oggi?
Studente B: Oggi andiamo in pasticceria, in barca, al mercato, al generi alimentari. E poi?
Studente A: Poi andiamo anche in farmacia e all'ufficio postale.
Studente B: Molto bene!
Studente A: Allora, dove siamo?
Studente B: Siamo in Piazza della Signoria. Va bene?
Studente A: Sì, d'accordo. E prima andiamo in farmacia.
Studente B: La farmacia? No, prima andiamo in pasticceria.
Studente A: Va bene, prendiamo Via dei Cerchi a arriviamo alla pasticceria. E poi andiamo in farmacia.
Studente B: Sì, certo. Andiamo a destra e prendiamo Via...

La spesa

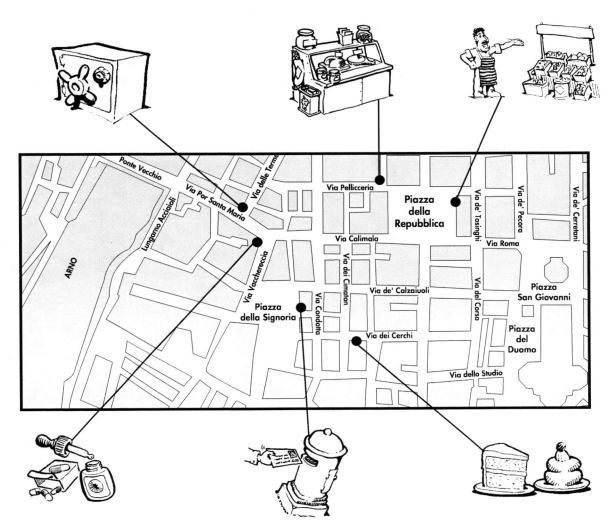

B Come si arriva all'ufficio postale?

Type of activity: information gap
Aim: to give and understand directions
Language: prendere, andare, arrivare, ordinal numbers, shops
Number of students: 2

1 Make a copy of the maps for each pair.
2 Divide the class into pairs and give each pair a copy of the **Studente A** and **Studente B** maps, making sure they don't look at each other's map.
3 Ask **Studente A** to describe the journey drawn on their map. **Studente B** must then draw the journey and number the places in the order they were visited.

Ecco un esempio

Studente A: Dove siamo?
Studente B: Allora, siamo all'ufficio postale in Piazza della Signoria.
Studente A: E dove andiamo prima?
Studente B: Prima andiamo in farmacia.
Studente A: La Farmacia in Via Vacchereccia.
Studente B: Sì, esatto.
Studente A: E poi dove vado?
Studente B: Vai avanti finchè arrivi in Via Por Santa Maria, e poi prendi la prima strada a destra.
Studente A: Via delle Terme, vero?
Studente B: Sì, perfetto...

Come si arriva all'ufficio postale?

Studente A

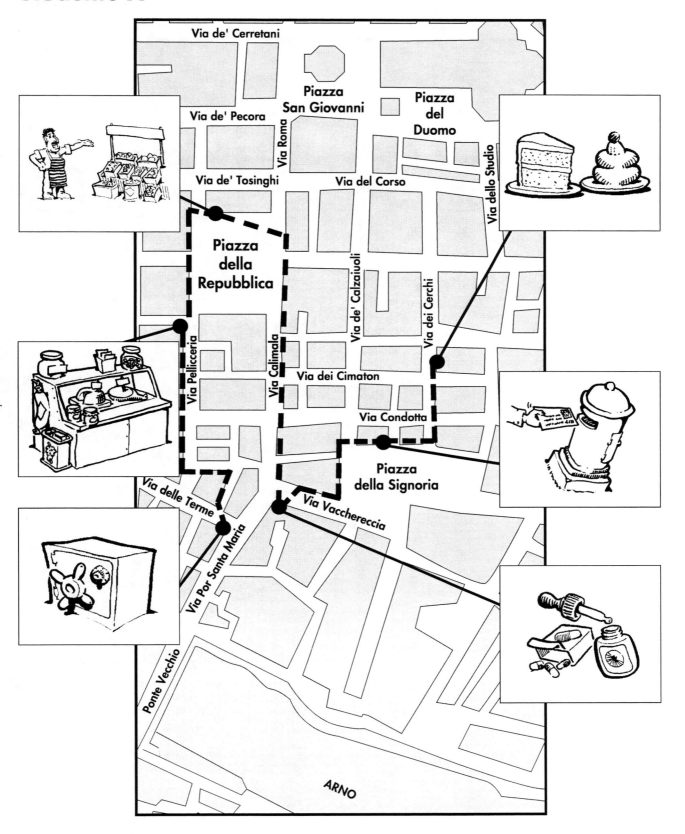

Come si arriva all'ufficio postale?

Studente B

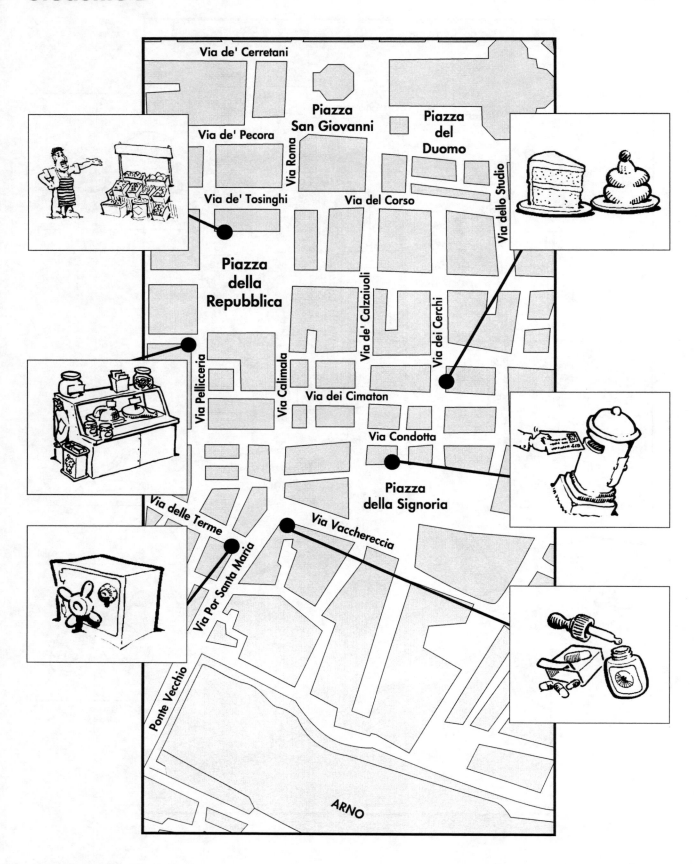

C Che cosa facciamo?

Type of activity: information gap
Aim: to talk about events, including inviting, accepting and refusing
Language: days of the week, time
        mi piace/non mi piacciono
        mi dispiace
        Che cosa fai?
Number of students: 2

1 Make a copy of the **Studente A** and **Studente B** diary page and the programme, for each pair.
2 Give each pair a copy of the programme and a **Studente A** and **Studente B** diary page.
3 Ask students to arrange to go out together, using the programme as a guide to what's on. They'll also have to consult their diaries to see when they are free.
4 They should exhaust all possibilities and decide on what they most like to do.
5 When the students have decided to attend an event on the programme, the activity is completed.

Ecco un esempio

Studente B: Ciao, Guglielmo. Come stai?
Studente A: Bene grazie, Maura, e tu?
Studente B: Molto bene, grazie. Senti Guglielmo, ti piacciono le commedie? Lunedì al Teatro Manzoni c'è *Morte in Famiglia*.
Studente A: Sì, mi piacciono le commedie. Ma lunedì sera vado al cinema con la classe d'italiano. Martedì sono libero e c'è un concerto di Totò Cutugno. Tu che cosa fai?

Che cosa facciamo?

Studente A

luglio — **Diario**	**Diario** — luglio
13 DOMENICA mattino – mercato con mamma	**17 GIOVEDÌ** test di matematica x alle 2 vedo Lucia x lezione di tennis alle 5
14 LUNEDÌ x alle 3 telefona Marcello da Roma x alle 5 gioco a tennis con Maria x alle 8 al cinema con la classe d'italiano	**18 VENERDÌ** festa! Compleanno di papà x alle 3 incontro Luca da McDonald's x alle 7.30 andiamo al concerto
15 MARTEDÌ Comprare un regalo per Massimo x alle 11 incontro Luca e Marisa	**19 SABATO** x a fare la spesa con mamma x ore 12 gioco a tennis con papà alle 6 x serata in discoteca?? Forse!!
16 MERCOLEDÌ fare i compiti!! x festa di Massimo alle 9	

Studente B

luglio — **Diario**	**Diario** — luglio
13 DOMENICA •Chiesa – messa con Silvia alle 10.30 •13.00 visitare i nonni	**17 GIOVEDÌ** •test di francese e matematica •alle 4 bocce al club
14 LUNEDÌ •ore 11 vedo Luca •alle quattro partita di calcio	**18 VENERDÌ** •alle 3 incontro Silvia da McDonald's
15 MARTEDÌ •alle 11 incontro Silvia e Marisa •fare la torta per il compleanno di Massimo •studiare!! Test di musica	**19 SABATO** •alle 3 gioco a bocce con Massimo
16 MERCOLEDÌ •scrivere il tema per giovedì •alle 2 porto la macchina dal meccanico •festa di Massimo alle 9	

Che cosa facciamo? ☐ ███████████ **...**

Programma
Manifestazioni

5 – 11 agosto

LUNEDÌ	Teatro Manzoni **Commedia** *Morte in famiglia* Ore 20.00
MARTEDÌ	Teatro Comunale **Concerto** Totò Cutugno Ore 19.00
MERCOLEDÌ	Palazzo dei Congressi **Mostra** *Cinquant'anni di Ferrari* dalle 14.00 alle 19.30
GIOVEDÌ	Cinema Colosseo **Film** *Che festa, ragazzi!* alle 15.00 - 22.00 -21.00
VENERDÌ	Teatro Orfeo **Dramma** *Una triste domenica* Ore 20.00
SABATO	Stadio di San Siro **Concerto** Edoardo Bennato Ore 20.30
DOMENICA	Via del Duomo Festival della canzone italiana dalle 15.00 alle 24.00

D Dove andiamo?

Type of activity: matching
Aim: to talk about events, including inviting and accepting
Language: days of the week, time
   mi piace/non mi piacciono
   mi dispiace
   Che cosa fai?
Number of students: whole class

1 Make enough copies of the diary page for each student in the class.
2 Give students the diary page and write the following on the board:
   il mercato
   il ristorante
   il bar
   il cinema
   il teatro
   il museo
   l'ufficio informazioni
3 Tell the students to make appointments for every night of the week.
4 Tell the students that they must go to a different place with a different person on each of the nights.
5 Ask the students to move around the class making arrangements.
6 When they have completed their diary, ask them to report back to the rest of the class.

Ecco un esempio

Studente A: Perché non andiamo a vedere un film lunedì?
Studente B: Va bene. *(scrive)* Lunedì vado al cinema con Duilio.
Studente C: Vieni al cinema lunedì?
Studente B: No, mi dispiace vado al cinema con Duilio lunedì.
Studente C: Allora perché non andiamo al ristorante?
Studente B: Il ristorante va bene. Quando?
Studente C: Giovedì?
Studente B: D'accordo. Giovedì andiamo al ristorante.

Dove andiamo? █████████ . . .

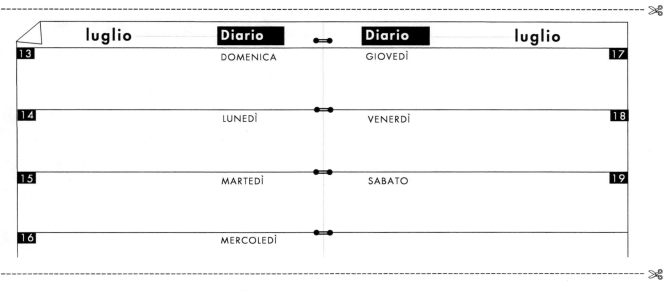

luglio	Diario	—	Diario	luglio
13	DOMENICA		GIOVEDÌ	**17**
14	LUNEDÌ		VENERDÌ	**18**
15	MARTEDÌ		SABATO	**19**
16	MERCOLEDÌ			

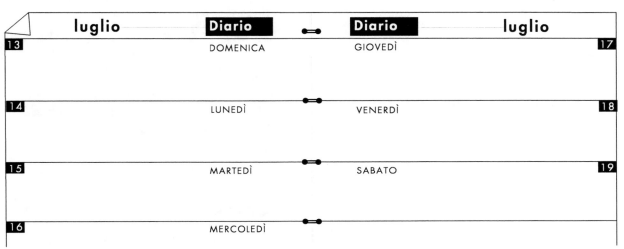

luglio	Diario	—	Diario	luglio
13	DOMENICA		GIOVEDÌ	**17**
14	LUNEDÌ		VENERDÌ	**18**
15	MARTEDÌ		SABATO	**19**
16	MERCOLEDÌ			

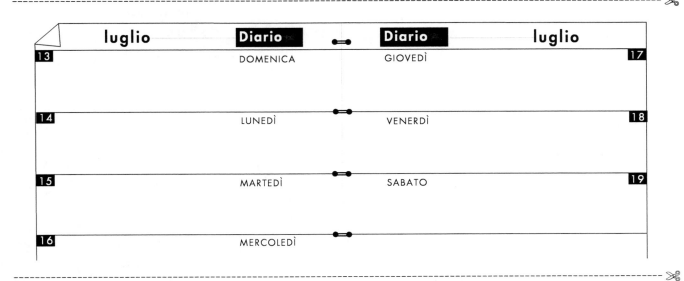

luglio	Diario	—	Diario	luglio
13	DOMENICA		GIOVEDÌ	**17**
14	LUNEDÌ		VENERDÌ	**18**
15	MARTEDÌ		SABATO	**19**
16	MERCOLEDÌ			

☐ Ascoltiamo!

Tape scripts

A Dove sono?

Carlo and Caterina go to a number of placs in town. Listen to the conversations to find out where Carlo and Caterina are or where they are about to go. Write the appropriate number next to each place pictured.

1 – Va bene, ci siamo. Sono le dodici e mezza. Terminiamo qui.
  – Uffa! Finalmente la lezione è finita. Secondo me, lavoriamo troppo in questa scuola. Dai, Caterina. Andiamo.

2 – Hai la piantina della città, Carlo?
  – Ahh…no. Mi dispiace…è a casa.
  – Va bene. Non importa. L'ufficio informazioni è qui vicino.

3 – Uuh, che bella! È molto vecchia, vero?
  – Silenzio, Carlo. Siamo in chiesa. Sì, è bella, ed è molto antica. È del quindicesimo secolo.

4 – Caterina. Ho sete. Fermiamoci un momento al bar. Vorrei un'acqua minerale.
  – Va bene. Io prendo un espresso.

5 – Adesso andiamo a fare la spesa?
  – Sì…certo, ma…non ho soldi.
  – Uffa! E allora vai alla banca. È lì, a destra.

6 – Adesso hai i soldi?
  – Sì, ma non andiamo al supermercato. È troppo lontano!
  – D'accordo, Carlo. Oggi in Via Sant'Antonio c'è il mercato. È qui vicino. Va bene?
  – Sì. Va bene.

7 – Grazie per la passeggiata, Carlo, ma dopo un pomeriggio con te, ho un mal di testa tremendo.
  – Oh, mi dispiace, Caterina. Non ho aspirine, c'è una farmacia in Via Gigli. Non è lontana.

B Abbiamo troppi compiti

La professoressa Bucchi can sometimes be very demanding. As she sets the homework for the weekend, write down all the page numbers you hear.

  – Va bene, ragazzi. Terminiamo qui. Per lunedì leggete l'articolo a pagina 34… poi completate gli esercizi a pagina 36. A pagina 62 c'è un articolo interessante sull'ecologia…Leggetelo, poi rispondete alle domande a pagina 71.
  – Ma professoressa, è troppo!
  – Silenzio, Carlo, non ho finito. Dunque, vediamo. Ah, sì, esercizi di grammatica. Completate gli esercizi A, B e C a pagina 16…poi ci sono gli esercizi F e G a pagina 45 e gli esercizi B e C a pagina 58… E per finire, leggete il brano a pagina 89 e rispondete alle domande a pagina 93 e 94. Va bene, è tutto. Ci vediamo lunedì.
  – Uffa! Lavoriamo troppo in questa scuola!

C Che giorno è?

Listen as some of the students make arrangements to do things together. Under the appropriate illustration, write down on which day they do the activity.

1 – Allora, giochiamo a tennis domani?
  – Domani? Che giorno è?
  – È mercoledì.
  – Sì, d'accordo.

2 – Poi giovedì, che cosa facciamo?
  – Beh, giovedì sera tutti i ragazzi vanno da Monica. Fa una festa per il suo compleanno.
  – Va bene, allora. Andiamo anche noi.

3 – Vorrei anche giocare a golf.
  – Sì, anch'io. Mi piace giocare a golf nel weekend.
  – Benissimo. Questo sabato pomeriggio ti va bene?

– Sì, certo, benissimo.

4 – Venerdì pomeriggio sei libero?
  – Sì, perché?
  – Beh, dopo la lezione i ragazzi vanno al campo sportivo a giocare a calcio.
  – Che ottima idea! Andiamo anche noi!

5 – Ti piace giocare a bocce?
  – Sì, molto. Gioco a bocce ogni domenica.
  – Allora, questa domenica perché non giochiamo insieme?
  – Benissimo. Io ci sto.

5 – E adesso che cosa facciamo?
  – Beh, oggi che giorno è?…Martedì? Io, ogni martedì faccio la spesa. E poi non ho proprio niente in casa.
  – Dai. Vengo anch'io e ti faccio compagnia.
  – D'accordo.

D Che ore sono?

Fill in the times you hear on the clocks below, and circle AM if it's morning or PM if it's afternoon or evening.

1 – Scusi, che ore sono?
  – Sono le dieci di mattina.

2 – Ciao, Stefano. Come stai?
  – Male. Sono in ritardo per scuola. Sono già le nove e un quarto.

3 – Allora signor Tarcisio, a domani.
  – Arrivederci. C'incontriamo davanti al cinema domani sera alle sette meno un quarto. D'accordo?

4 – Dai, andiamo a casa. È tardi!
  – Ma no. È solo mezzanotte meno venti.

5 – Domani giochiamo a tennis?
  – Sì, d'accordo. C'incontriamo al club domani pomeriggio verso le tre e mezzo.

6 – Gianfranco, dove vai a quest'ora? Sono le dieci e venticinque di sera.
  – Vado in discoteca con i miei amici.

7 – Che ora è, Filippo?
  – È l'una e mezza di mattina. È ora di andare a casa a dormire.

8 – Ciao, Barbara. Sei pronta? Sono le otto meno dieci.
  – Un momento. Arrivo! Arrivo!

E Come si arriva a…?

Walking around with map in hand, Carlo is now feeling confident enough to give directions to others. Listen carefully as he tells people where various places are. If he says it's the first street, write the number 1; if it's the second, write the number 2 and so on. Then circle ← if it's on the left, or → if it's on the right. The first one has been done for you.

1 – Scusi, dov'è Via Betto dei Medici?
  – Allora, vediamo. Via Betto dei Medici è…la terza strada a sinistra.

2 – Uei, Carlo, ciao. Cerco la banca. Sai dov'è?
  – C'è una banca in Via Scannarino. È la quarta strada a destra.

3 – Senti, Carlo, come si arriva alla pasticceria?
  – La pasticceria è qui vicino in Vicolo della Cereria. Prendi Corso Vittorio Emanuele e vai sempre diritto verso Piazza San Cristoforo. Vicolo della Cereria è la terza strada a sinistra.

4 – Scusi, signore. Sa dove c'è una farmacia?
  – Non è lontana, signora. È in Via Gigli; la quarta a sinistra.

5 – Il mercato è in Via Sant'Antonio, vero?
  – Sì, è la seconda strada a destra.

6 – Senti, Carlo. Vorrei andare da Annamaria. So che abita in Via Enrico Rossi, ma non so dov'è.
  – Vai da Annamaria, eh? Interessante. Va bene, Via Rossi è la prima strada a sinistra.

7 – Senta, sa dov'è Via Vasari?
  – È lontano. Prenda questa strada e vada sempre diritto. Via Vasari è la quarta strada a destra dopo il semaforo.

8 – Scusi, per andare in Via Fontana?
  – Prenda Via Torquato Piccini e vada sempre diritto. Via Fontana è la terza strada a destra.

9 – Cerco il supermercato. Sa dov'è?
  – Sì, certo. È qui vicino, in Via Crescentini, la seconda a destra.

10 – Carlo, che cosa fai? Sei ancora in giro? Dai, andiamo al bar a prendere un caffè.
  – Beh, per andare al bar prenda la prima strada a sinistra, poi…
  – Ma sta' zitto, scemo! Andiamo.

F Ma che cosa fanno?

What are these people doing this afternoon? Listen to what they say, then write the appropriate number in the boxes below.

1 È più di una settimana che sono a Urbania e non ho ancora scritto ai miei genitori. Questo pomeriggio scrivo una lettera a mamma e papà.

2 Beh, stasera vengono alcuni amici a cena e vorrei cucinare un piatto speciale, forse un bel minestrone o un risotto al tartufo. Mmm, non lo so. Vediamo.

3 Secondo me, lavoriamo troppo in questa scuola, così questo pomeriggio non studio, non lavoro e non faccio i compiti. Eh, no, invece, voglio leggere un libro interessante, forse un giallo.

4 Oggi abbiamo il pomeriggio libero. Così vado al cinema a Urbino con gli amici.

5 Io faccio i compiti ogni pomeriggio perché mi piace avere la sera libera per andare fuori con gli amici.

6 Domani è il compleanno di Sandra, così questo pomeriggio alcuni amici vengono a casa mia per fare la torta per lei.

G Viva la storia!

The students are in their history class with professor Di Matteo. Listen as he tells them a little about some famous Italians and write down when they were born (**nato/a**) and when they died (**morto/a**).

1 Leonardo da Vinci, il grande artista e scienziato italiano, è nato nel 1452 ed è morto in Francia nel 1519.

2 Dante Alighieri, il padre della lingua italiana e autore della Divina Commedia, è nato nel 1265 ed è morto nel 1321.

3 Il noto pittore e architetto del Rinascimento Raffaello Sanzio è nato ad Urbino nel 1483 ed è morto nel 1520.

4 La famosa pedagogista italiana Maria Montessori è nata a Chiaravalle nel 1870 ed è morta nel 1952.

5 Giulio Cesare, il grande imperatore romano, è nato a Roma intorno all'anno 100 avanti Cristo. È morto, assassinato, nell'anno 44 avanti Cristo.

6 San Francesco d'Assisi, patrono d'Italia, è nato nel 1182 ed è morto nel 1226.

7 Donato Bramante, famoso architetto e pittore del Rinascimento, è nato nel 1444 ed è morto nel 1514.

8 Michelangelo Buonarroti, scultore, pittore, architetto e poeta, è nato nel 1475 ed è morto nel 1564.

9 Giuseppe Verdi, il famoso compositore di *Aida*, *La Traviata* e tante altre bellissime opere, è nato nel 1813 ed è morto nel 1901.

Ascoltiamo! ▪▪▪

H Ti piace o no?

Carlo seems to have an opinion on most things. Listen as he tells us a little about his stay in Italy so far. Place a tick in the box under the appropriate column.

1 Sono ad Urbania da una settimana e frequento il Centro Studi Italiani. Sono fortunato perché i professori sono tutti bravi, specialmente la professoressa Bucchi. È simpatica e divertente. Non mi piacciono i professori seri.

2 Ci sono tante ragazze in questa scuola. Mi piacciono le ragazze: Annamaria, Caterina, Lucia...ah, ha un sorriso carino, Lucia.

3 Dopo la lezione andiamo sempre al Bar Centrale. Mi piacciono i dolci lì, sono molto buoni.

4 Caterina prende sempre un caffè. Non mi piace il caffè. È troppo forte.

5 Di pomeriggio mi piace giocare a bocce con Tim o con Stefano mentre le ragazze fanno i compiti.

6 È assurdo! Quando hanno un po' di tempo libero, studiano. Secondo me, studiano troppo. Non mi piace studiare. Il mio tempo è troppo prezioso. Io preferisco fare cose più importanti.

7 Di sera facciamo sempre qualcosa di diverso. Andiamo a mangiare in un ristorante o andiamo in discoteca, ma le serate più belle sono quando facciamo una piccola festa insieme. Mi piacciono le feste.

Capitolo quattro

Objectives

- To discuss celebrations and festivities, including:
  - festivals and celebrations
  - birthdays and parties
  - customs
  - likes and preferences
  - special greetings and congratulations
  - organising a party and inviting people
- To talk about your family, including:
  - relationships
  - what relatives are like
  - family life
- To talk at the dinner table
- To go shopping at the market, including:
  - buying fruit and vegetables
  - discussing price and weight
  - saying what you prefer
  - bargaining

Language points

- **-ire** verbs, including **-isc-** verbs
- **bere**
- possessives
- dates

- santo
- -issimo
- **me**, **te**, etc. – disjunctive pronouns

Key expressions

io so/non lo so
Di chi e?
Che cosa ci posso fare?
esatto
Guarda!
veramente
Un momento!

Auguri!/Tanti auguri!
Buon compleanno!
Buona Pasqua!/Buon Natale!

Quanto viene?
ecco a Lei
vuole altro
mi dia...

Accomodatevi!
Buon appetito!
Grazie, altrettanto.
non c'è di che

▢ Gioco

Il mio compleanno

Group size: whole class
Language: dates, seasons, time relativity

- Make sure students are familiar with the vocabulary on page 58 of the *Textbook* and the seasons – **estate, autunno, inverno e primavera.**
- Begin by asking students to guess the date of your birthday. Students take turns to ask you questions or to take a guess.
  - **Quando è il mio compleanno?**
  - **In aprile?**
  - **No.**
  - **Allora è in gennaio?**

  - No, è molto più tardi.
  - In che stagione è?
  - In estate.
  - Il tuo compleanno è in agosto.
  - È dopo...No, no scusate, è prima.
  - È in luglio.
  - Sì, esatto. In che giorno?...
- The student who guesses correctly then comes to the front of the class and asks the rest of the class to guess his or her birthday.

Variation

Ask students to come to class knowing the birthday or date of birth of a famous person.

Test – Capitolo quattro ☐ ███████████ ...

Nome _____

Cognome _____

Classe _____

A La famiglia Mennini

How would the members of the Mennini family answer the following questions about their relations?

La famiglia Mennini

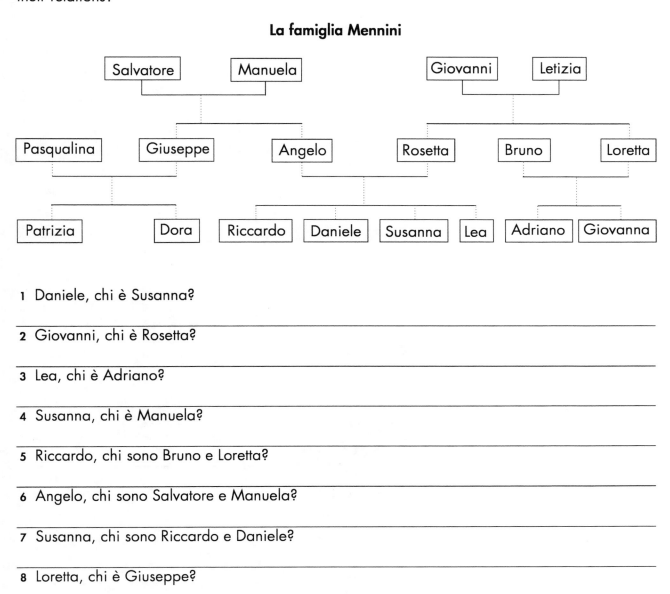

1 Daniele, chi è Susanna?

_____

2 Giovanni, chi è Rosetta?

_____

3 Lea, chi è Adriano?

_____

4 Susanna, chi è Manuela?

_____

5 Riccardo, chi sono Bruno e Loretta?

_____

6 Angelo, chi sono Salvatore e Manuela?

_____

7 Susanna, chi sono Riccardo e Daniele?

_____

8 Loretta, chi è Giuseppe?

_____

9 Chi sono Angelo e Rosetta?

_____

10 Pasqualina, chi sono Patrizia e Dora?

_____

B Le feste

Write the answers to the two questions related to each illustration.

Che festa è?		Che giorno è?
1 _____		_____
	GENNAIO 1997	
2 _____		_____
3 _____	28/3	_____
4 _____	15/2	_____
5 _____	Antonio 13/6	_____
6 _____	6/1	_____
7 _____	Gennaro 19/9	_____

Test – Capitolo quattro

C I verbi

Choosing from the verbs given in the box, complete each sentence using the correct form of the verb you have chosen.

finire	fare		suggerire	
		festeggiare		bere
preferire			capire	mettere

1 Ragazzi, domani è il mio compleanno. _____ una festa!

2 Che cosa _____ questa bambina? I cioccolatini o la torta?

3 Quando _____ la lezione andiamo a casa.

4 Mi dispiace, _____ un po', ma non parlo il tedesco.

5 La nostra famiglia _____ sempre il Carnevale.

6 Che cosa prendo? Il dolce o il gelato. Lei che cosa _____ .

7 Lo so, _____ troppo caffè. Che cosa ci posso fare?

8 Signora, che cosa _____ in questa torta? È molto buona.

D Che cosa fanno?

What are they doing? Write a sentence connecting the people with the illustrated activity.

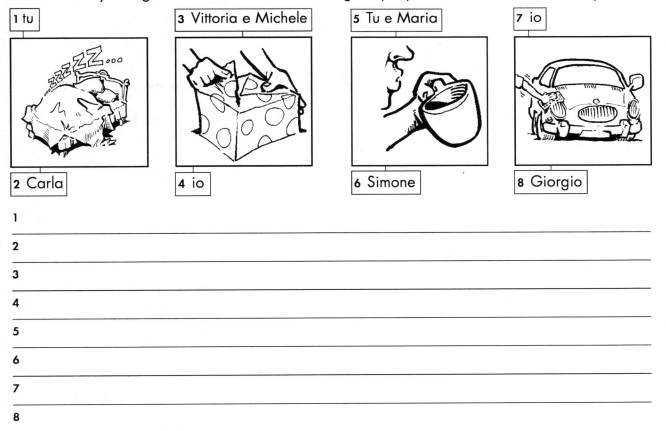

1 tu   3 Vittoria e Michele   5 Tu e Maria   7 io

2 Carla   4 io   6 Simone   8 Giorgio

1 _____

2 _____

3 _____

4 _____

5 _____

6 _____

7 _____

8 _____

E Di chi è?

Complete the following sentences using the correct form of the possessive pronoun. Don't forget to include the article where necessary.

mio

1 Io e _____ amici frequentiamo la stessa scuola.

2 _____ sorella ha diciassette anni ma _____ fratelli sono più vecchi.

tuo

3 Di chi è questo caffellatte? È _____ ?

4 La Juventus è _____ squadra, vero?

suo

5 Signora, _____ figlia è simpaticissima.

6 Guarda! Tutti _____ regali sono molto cari.

vostro

7 _____ professore è molto intelligente.

8 Dov' è _____ casa, in campagna?

loro

9 Uffa! Quando finiscono _____ compiti?

10 _____ genitori sono molto generosi.

F Sono intelligentissima

Rewrite these sentences without the word **molto** but still keeping the same meaning.

1 Sto *molto* bene, grazie. _____

2 Questo studente è *molto* bravo. _____

3 La campagna italiana è *molto* bella. _____

4 Questa festa è *molto* divertente _____

5 Giovanni è *molto* intelligente. _____

6 Oggi Donatella è *molto* contenta. _____

Test – Capitolo quattro ☐ ▌▌▌▌▌▌▌▌▌▌▌▌▌▌ ...

G Sei intelligentissima!

While visiting the Pasotto family, you witnessed the following scene. Describe it in English as you would in a letter to a friend. Don't leave out any details.

Donatella: Che cosa fai, Giovanni? Leggi?

Giovanni: No, studio la matematica. È difficilissima.

Donatella: Lo so. Anch'io studio la matematica.

Giovanni: Non è vero. Sei troppo piccola.

Donatella: Sono piccola...che cosa ci posso fare? Ma vado a scuola e studio l'italiano, la matematica e...

Giovanni: Va bene, vediamo se capisci questa domanda. È la figlia di tua madre e tuo padre, ma non è tua sorella. Chi è?

Donatella: È lo zio Giovanni?

Giovanni: Ma no! Sei tu...Donatella!

Donatella va dalla mamma.

Donatella: Mamma, chi è la figlia di tua madre ma non è tua sorella?

Mamma: Perché fai questa domanda?

Donatella: Perché vado a scuola e studio moltissimo.

Mamma: Va bene. Vediamo un po'... Sono io, vero?

Donatella: Ma no, mamma! Uffa! Sono io, Donatella!

_____

_____

_____

_____

_____

_____

_____

_____

_____

_____

_____

_____

_____

H Quante domande!

Answer the following questions about yourself in complete Italian sentences.

1 Quanti anni hai?

_____

2 Dove abiti?

_____

3 Quante lingue capisci?

_____

4 Che cosa preferisci fare, il sabato sera ?

_____

5 Che cosa festeggia la tua famiglia?

_____

6 Preferisci la frutta o la verdura? Che cosa ti piace?

_____

7 A casa che cosa bevete a tavola?

_____

8 Quante ore dormi ogni notte?

_____

9 Sei un bravo studente?

_____

10 Che tipo sei?

_____

I La mia festa

Write a letter to a friend inviting him or her to your birthday party. In your letter, include the following:
- say why you are having the party
- give the details of the date, time and place
- tell the person what the party will be like

_____

_____

_____

_____

_____

_____

Test – Capitolo quattro

J La mia famiglia

Fill in your family tree below. Write the relationship of each person to you under the person's name. Then describe five members of the family, including:
- their names and ages
- what they are like
- what they like doing

_____

_____

_____

_____

_____

_____

_____

_____

_____

_____

K **Al mercato**

You've been given a job at an Italian market. Fill in the tags of the items below by writing the name and price of each one.

As part of your job, you have to encourage shoppers to buy from your stall, by yelling out what you have to sell as well as how good and cheap it is. Write the text for what you will say.

_____

_____

_____

_____

_____

_____

_____

Esame Orale

L'interrogazione

1 Using the **fotoromanzo**

   e.g. – Apri il libro a pagina 53 e guarda la prima foto.

   – Chi abita qui?

   – Qual è l'indirizzo?

   – Dov'è? Com'è?

   – Guarda le foto a pagina 55.

   – Che cosa c'è sulla tavola?

   – Che cosa fanno nella foto numero dieci?

   – Perché Carlo è contento?

2 Using **Botta e risposta**

   e.g. – A che pagina è la grande foto di famiglia?

   – A pagina 56? Va bene guardiamo questa foto.

   – Perché sono tutti a casa Pasotto?

   – Chi non è molto contento?

   – Com'è il nonno Salvatore?

   – Apri il libro a pagina 58.

   – C'è il giorno del compleanno di tua sorella/cugina…?

   – Che giorno è? È la festa di quale santo?

   – Quando è la festa di Sant'Ansano?

Preparate una scenetta
Role play

1 Divide the class into groups of four.
2 You or the students could bring some props to the class: paper plates, plastic cutlery, glasses, a bottle of water…
3 Set the scene.
   It's evening. The family dinner is being prepared. Mum is helping dad prepare a nice **minestrone**. They ask the two kids to prepare the **macedonia di frutta**. The kids don't have enough ingredients, so they throw in something unusual, arguing about whether or not it will be edible. The parents tell the children that dinner is ready and to come to the table. They begin the meal enjoying the **minestrone**. With great trepidation, the children serve the **macedonia**. Is it a great hit or a disaster?

La scenetta bell'e pronta

Una cena speciale

Personaggi: papà (Angelo), mamma (Iole), la figlia (Irene), il figlio (Antonio)

Papà: Allora questa sera faccio un bellissimo minestrone.

Mamma: Mmm, bravo Antonio, mi piacciono i minestroni. Che cosa metti?

Papà: Metto duecento grammi di funghi, una grossa patata, tre pomodori e una melanzana.

Mamma: E la cipolla, caro? La cipolla è importantissima in un minestrone.

Papà: Ma certo! La cipolla è molto importante. Mi piacciono le cipolle.

Mamma: Che cosa fanno i ragazzi?

Papà: Guardano la televisione. Guardano sempre la televisione!

Mamma: Perché non preparano loro la macedonia di frutta.

Papà: Ottima idea! Ragazzi, venite qui! Oggi preparate voi la macedonia di frutta, va bene?

Irene: Ma papà c'è un film interessante.

Antonio: Sì papà, è interessantissimo!

Mamma: Anche la macedonia di frutta è interessantissima. Avanti!

Irene: Va bene, va bene! Antonio che cosa facciamo?

Antonio: Non lo so. Prendiamo la frutta. *(Va a guardare nel frigo.)*

Irene: Che cosa c'è? C'è uva?

Antonio: Purtroppo, no.

Irene: Ci sono banane?

Antonio: Mi dispiace, no.

Irene: Pere? Mele? Fragole?

Antonio: No, no e no!

Irene: Ma che cosa c'è, allora?

Antonio: Ci sono tre arance, una cipolla e un limone.

Irene: Uffa! Va bene, mettiamo le arance, un po' di cipolla e il succo di limone.

Mamma: Ragazzi venite a tavola, la cena è pronta.

Papà: Buon appetito!

Irene: Buon appetito!

...alle fine

Mamma: Grazie, altrettanto.

Antonio: Grazie, altrettanto. Mmm, questo minestrone è molto buono.

Irene: Sì, è buonissimo.

Mamma: E adesso prendiamo la macedonia di frutta.

Papà: Che cos'è? Una macedonia speciale?

Antonio: Speciale. He... he..., sì certo. Ecco!

Mamma: Ma questo non è una macedonia. Questa è un'insalata di arance.

Antonio: Mi dispiace papà ma...

Papà: Bravissimi ragazzi.

Irene: Ti piace?

Papà: Ma certo! Questo è un piatto speciale. Un'insalata alla siciliana!

A Le Marie e i Salvatori

Type of activity: information gap
Aim: to talk about families
Language: asking personal details: **Quanti anni hai? Come si chiama tuo marito/moglie? Quanti figli/fratelli/sorelle hai? Dove abiti?**
Number of students: 4 or 6

1 Copy one card for each member of the group. If there are only four students in a group, make sure you give out the husband and wife combinations to the group, i.e. one and two, three and four, five and six.
2 Make sure the students don't look at each other's information.
3 Allow time for the students to familiarise themselves with the information.
4 Explain that the object of the game is for each person to find their partner by asking questions to other members of the group.
5 Make sure that they ask all the relevant questions.
6 When a person has found their partner, they should introduce the partner to the rest of the class, giving all the details.

Ecco un esempio

Studente A: Io sono Salvatore. Tu come ti chiami?
Studente B: Anch'io sono Salvatore?
Studente A: Anche tu sei Salvatore?
Studente C: No, io sono Maria.
Studente A: Molto bene. Mia moglie si chiama Maria.
Studente C: E mio marito si chiama Salvatore. Quanti anni hai?
Studente A: Ho trentasette anni, e tu?
Studente C: Ho trentacinque anni. Dove abiti.
Studente A: Abito a Verona.
Studente C: Mi dispiace io e mio marito abitiamo a Cremona. Tu non sei mio marito...

...alla fine

Studente A: Questa è mia moglie. Si chiama Maria...Tutte le mogli si chiamano Maria.
Ha trentacinque anni. Il suo compleanno è il ventiquattro marzo. Noi abbiamo tre figli, un maschio e una femmina. Lei ha due sorelle, vero? E abitiamo a Verona. Siamo molto felici...

1	il mio nome	Salvatore
	la mia età	37
	compleanno	3/7
	moglie	Maria
	la sua età	35
	il suo compleanno	24/3
	figli	1 maschio/2 femmine
	fratelli	1 fratello/1 sorella
	abito	Verona

2	il mio nome	Maria
	la mia età	35
	compleanno	24/3
	marito	Salvatore
	la sua età	37
	il suo compleanno	3/7
	figli	1 figlio/2 figlie
	fratelli	1 fratello/1 sorella
	abito	Verona

3	il mio nome	Salvatore
	la mia età	37
	compleanno	3/7
	moglie	Maria
	la sua età	35
	il suo compleanno	24/3
	figli	1 maschio/2 femmine
	fratelli	1 fratello/1 sorella
	abito	Cremona

4	il mio nome	Maria
	la mia età	35
	compleanno	24/3
	marito	Salvatore
	la sua età	37
	il suo compleanno	3/7
	figli	1 figlio/2 figlie
	fratelli	1 fratello/1 sorella
	abito	Cremona

5	il mio nome	Salvatore
	la mia età	37
	compleanno	3/6
	moglie	Maria
	la sua età	35
	il suo compleanno	24/5
	figli	1 maschio/2 femmine
	fratelli	1 fratello/1 sorella
	abito	Verona

6	il mio nome	Maria
	la mia età	35
	compleanno	24/5
	marito	Salvatore
	la sua età	37
	il suo compleanno	3/6
	figli	1 figlio/2 figlie
	fratelli	1 fratello/1 sorella
	abito	Verona

Tocca a voi ▯ ██████████ ...

B Dove facciamo la spesa?

Type of activity: information gap
Aim: to shop at the market and the supermarket
Language: prices in lire
   weights: **chilo, etto, grammi**
   fruit and vegetables
Number of students: 2

1 Make a copy of the **Studente A** (market) and **Studente B** (supermarket) pages, for each pair.
2 If possible, have students bring a calculator to class. It will make adding up the prices easier.
3 Divide the class into pairs.
4 Ask students to discuss the handwritten shopping list at the bottom of each page. This comparison will reveal to them that they have the same list of items in a different order.
5 The aim of the activity is to spend the minimum amount of money by deciding what to get at the market and what to get at the supermarket.
6 Next to each item on the shopping list, ask students to write down how much they will spend and where. Then tell them to add up the total.
7 The activity is completed when they agree on how much they will spend. The correct total is L.44.500. If you wish, you could go through the list with the students to verify the result.

Ecco un esempio
Studente A: Allora, che cosa compriamo oggi?
Studente B: Un chilo di melanzane, 300 grammi di funghi.
Studente A: Un momento! Sì, va bene, e poi io ho…
Studente B: Dove compriamo i funghi? Qui al supermercato costano 12.000 lire al chilo.
Studente A: Qui al mercato sono 1.000 lire all'etto. Quanto viene.
Studente B: Un etto è cento grammi, vero?
Studente A: Sì, esatto. Allora un chilo è dieci etti. Al mercato i funghi costano 10.000 lire. Compriamo i funghi al mercato.
Studente B: Sì, compriamo 300 grammi, cioè tre etti…viene 3.000 lire.
Studente A: Allora scriviamo: *Al mercato – 30.000 lire.* E adesso vediamo per le melanzane…

☐ Dove facciamo la spesa?

Studente A

Mercato

patate	L. 2.800 *2 kg*		lattuga	L.1.200 *al pezzo*
carote	L.1000 *mezzo chilo*		peperoni	L.3.500 kg
funghi	L.1.000 *un etto*		banane	L.2.500 kg
pomodori	L.2.500 kg		arance	L.2.500 kg
broccoli	L.3.500 kg		uva	L.5.000 kg
melanzane	L.2.500 kg		limoni	L.2.000 *mezzo chilo*
cipolle	L.1.500 *mezzo chilo*		fragole	L.10.000 kg
zucchine	L.2.500 kg		pere	L.2.500 kg
fagioli	L.1.800 *mezzo chilo*		mele	L.2.500 kg

La spesa	Dov'è?	Quanto?
300 grammi di funghi		
1 chilo di melanzane		
5 chili di patate		
2 lattughe		
2 chili di cipolle		
un chilo e mezzo di peperoni		
mezzo chilo di carote		
500 grammi di fagioli		
due chili di arance		
un chilo di pere		
mezzo chilo di limoni		
cinquecento grammi di fragole		
un chilo e mezzo di uva		

Studente B

Supermercato

patate	L. 1.000 kg		lattuga *due per*	L.2.000
carote	L.1.500 kg		peperoni	L.2.000 *mezzo chilo*
funghi	L.12.000 kg		banane	L.2.500 kg
pomodori	L.1.000 kg *mezzo chilo*		arance	L.3.000 kg
broccoli	L.3.000 kg		uva	L.2.000 *mezzo chilo*
melanzane	L.1.500 *mezzo chilo*		limoni	L.3.000 *mezzo chilo*
cipolle	L.1.000 *mezzo chilo*		fragole	L.6.000 kg *mezzo chilo*
zucchine	L.2.000 kg		pere	L.2.500 kg
fagioli	L.3.000 kg		mele	L.3.500 kg

La spesa	Dov'è?	Quanto?
2 chili di cipolle	_____	_____
5 chili di patate	_____	_____
2 lattughe	_____	_____
un chilo e mezzo di peperoni	_____	_____
1 chilo di melanzane	_____	_____
mezzo chilo di carote	_____	_____
500 grammi di fagioli	_____	_____
300 grammi di funghi	_____	_____
cinquecento grammi di fragole	_____	_____
un chilo di pere	_____	_____
due chili di arance	_____	_____
mezzo chilo di limoni	_____	_____
un chilo e mezzo di uva	_____	_____

C Al mercato

This is a variation on **Dove facciamo la spesa?**

1   Divide the class into pairs.
2   Copy either the **Studente A** or **Studente B** page from the previous exercise. Give **Studente A** a price list and **Studente B** a shopping list.
3   **Studente A** plays the role of a stall owner and **Studente B** plays the role of a shopper. As they go through what the shopper needs to buy, they work out how much it will all cost.

Ecco un esempio

Studente A: Ecco a voi signori...queste pere sono buonissime...solo 2.500 lire al chilo ...e queste banane...Buongiorno signore, desidera?

Studente B: Vorrei cinque chili di patate. Quanto costano?

Studente A: Le patate sono due chili per 2.800 lire, cioè 1.400 lire al chilo.

Studente B: Sono buone?

Studente A: Ma certo signore sono buonissime.

Studente B: Va bene cinque chili, allora!

Studente A: Allora cinque chili sono 7.000 lire. Altro?

Ascoltiamo! □ ▬▬▬▬▬▬ ...

Tape scripts

A Che cosa prendete?

What do they choose? As the host offers food and drink to his guests, take note of the number at the start of each dialogue and write it under the items chosen.

1 – Ragazzi, che cosa prendete? Ci sono paste, cioccolatini, c'è gelato…
   – Mmm, preferisco un pezzo di torta, grazie. E vorrei anche un bicchiere d'acqua minerale, per favore.

2 – Dai, prendi qualcosa.
   – Va bene. Prendo anch'io un pezzo di torta. E da bere…una birra, per favore.

3 – Prendi qualcosa da bere? Una birra, un bicchiere di vino…?
   – No, grazie. Preferisco un caffè…e prendo anche un cioccolatino, grazie.

4 – Prendi un caffè anche tu?
   – Sì, grazie. E vorrei anche un gelato, per favore.

5 – Forza, ragazzi, c'è tanto da mangiare. Prendete qualcosa.
   – Va bene. Per me una pasta…ed anche una birra, grazie.

6 – Mmm…per me un pezzo di torta ed un bicchiere di vino, grazie.

B Ti piace?

Listen to these people talk about the different things they like. Circle the one they like best.

1 – Ti piace la frutta?
   – Sì, molto. Mi piacciono le banane, le fragole, le arance…ma la frutta che preferisco sono le mele.

2 – Qual è la tua frutta preferita?
   – Beh, non mangio molta frutta…Non mi piace l'uva…e le pere, uuh, che schifo!…Mmm forse le banane. Sì, mi piacciono le banane.

3 – E che cosa fai quando hai un po' di tempo libero?
   – Mi piace guardare la TV, ma il mio passatempo preferito è dormire.

4 – Ti piace lavorare?
   – Beh, il mio lavoro è abbastanza interessante, ma quando ho un po' di tempo libero preferisco giocare a tennis.

5 – Qual è il tuo sport preferito?
   – Sono italiano! Il calcio, naturalmente. Forza Milan!

5 – A che cosa preferisci giocare, a bocce o a tennis?
   – Beh, mi piacciono tutti e due, ma preferisco…giocare a bocce.

C Di chi sono?

Who do these things belong to? Some items were left in the classroom yesterday. As **la professoressa** finds out who they belong to, draw a line to connect the object to its owner.

   – Prima di tutto c'è questo tesserino con il nome Carlo Cuomo. Carlo?
   – Sì, professoressa? Tesserino? Ah, il mio tesserino! Sì, grazie! È tutto il giorno che lo cerco.
   – Poi c'è questa penna. Non è di Gianna?
   – Sì, professoressa, ha ragione. Quella penna è sua.
   – Poi ieri in classe ho trovato queste cassette. Lucia sono tue?
   – Oh, grazie, professoressa. Veramente le cassette sono nostre, mie e di Annamaria… Credevamo di averle perse.
   – Allora anche questo giornale è vostro? Ma no! È la *Gazzetta dello Sport*! Come può essere nostro? È di Stefano, naturalmente.

– E questi quaderni senza nomi di chi sono? Carlo, sono tuoi?

– No, non sono miei. Sono di Caterina. Lei perde sempre tutto!

– E per finire un libro. Naturalmente anche questo è senza nome! Avanti, di chi è questo libro?

– Ma professoressa, scherza. Quel libro è Suo.

– Mio? Oh…beh…sì, hai ragione. Mi dispiace.

D Alla festa di Giovanni

Everyone loves a party. What are all the party-goers doing or planning to do? Listen to the following comments and match them with the illustrations by writing the appropriate numbers in the boxes below.

1 Domani andiamo dai Pasotto per il compleanno di Giovanni. Partiamo verso l'una…l'una e mezza del pomeriggio.

2 Ecco, brava, Donatella. Metti i dolci lì, sulla tavola.

3 Prendete qualcosa da bere? Un'acqua minerale, una Coca…?

4 Buon compleanno, Giovanni. Avanti, è ora di tagliare la torta.

5 Un altro pezzo di torta? Sì, grazie. Un momento che finisco questo pezzo.

6 Avanti, Giovanni! Perché non apri i tuoi regali adesso?

7 È stata una festa bellissima, ma adesso è ora di pulire la casa.

8 Oh, che giornata! Sono stanca morta. Adesso vado a dormire. Buonanotte.

E Feste, sempre feste

These people are all having a birthday or a name day in the next few months. As they say when it is, write their names in the appropriate box on your calendar. Then, next to their names, write **C (compleanno)** if it's their birthday or **O (onomastico)** if it's their name day.

1 – Allora Salvatore, quando è il tuo compleanno?

– Il mio compleanno è il 23 agosto.

2 – Anche tua sorella Anita ha il compleanno in agosto, vero?

– No, il compleanno di Anita è il 13 luglio. Compie 16 anni quest'anno.

3 – E tu, Vittorio, fai una bella festa per il tuo compleanno?

– Ma certo. Manca poco, sai? Il mio compleanno è il 17 giugno.

4 – Io, invece, non faccio una festa per il mio compleanno, ma per il mio onomastico vado al ristorante con la famiglia.

– Davvero? E quando è il tuo onomastico, Lorenzo?

– San Lorenzo è il 21 luglio.

5 Anch'io festeggio il mio onomastico con la famiglia. Il 24 luglio, il giorno di Santa Cristina. Mia mamma prepara sempre il mio piatto preferito: lasagne. Che buone! Mi piacciono le feste in famiglia.

6 – Mia sorella Patrizia invece, quest'anno vuole fare una grande festa per il suo compleanno ed invitare tutti i suoi amici; forse più di 100 persone!

– Veniamo anche noi, allora. Quand'è?

– Il compleanno di Patrizia è…il 31 di agosto, credo.

7 – Non mi piacciono le feste grandi. Per il mio compleanno faccio solo una torta. Venite, vero?

– Sì, certo. Quand'è, Davide?

– Il primo giugno.

8 – Anche il tuo compleanno è in giugno, vero, Bianca?
   – No. Il mio compleanno è in gennaio. Il mio onomastico è in giugno; il dieci giugno.

9 – E il tuo onomastico quand'è, Elena?
   – Sant'Elena è il 18 agosto.

10 Anche mio fratello Gaetano ha il suo onomastico in agosto. Il giorno sette, credo.

F Son belle, son buone, son dolci com il miele...

Listen to the people working on this stall at the market as they try to sell their fruit and vegetables. As you hear the price called out, write it on the tag of the appropriate item.

– Patate, patate, patate! Milletrecento lire al chilo le patate! Milletrecento lire!

– Guardate che mele! Guardate, guardate! Guardate che pere! Son belle, son buone, son dolci come il miele – 2.500 al chilo le mele! Duemilacinque al chilo le pere! Regalate! Guardate! Guardate! Mi piaccion' le pere, mi piacciono le mele, son rosse, son buone, son dolci come il miele...

– Duemila al chilo i pomodori, 2.000 al chilo. Comprate il sole della Sicilia! Tutto a 2.000 lire!

– Tremila al chilo i broccoli! Freschi, freschi! Tremila al chilo! Speciale! Speciale!

– Signora! Signora! Guarda che uva! Assaggia, assaggia! Assaggiare per credere! A 3.500 al chilo, è regalata! Re-ga-la-ta...

– Come sono le fragole?
– Le fragole? Signora mia, a 9.000 al chilo queste sono le fragole che mangiano in paradiso, arrivate fresche fresche stamattina. Solo 9.000 al chilo!

– Comprate, donne! Comprate da Gino che vi serve bene! La lattuga a 4.000 al chilo!

– Carote, cipolle, spinaci, oggi tutto a prezzo unico...1.000 lire al chilo! Solo 1.000 lire! Costano meno di un caffè! Bella signora, cosa le do?!...Carote, cipolle, spinaci, oggi tutto a prezzo unico!

Objectives

- To discuss the environment, including:
  - the weather
  - ecology and protection of the environment
  - the countryside
  - **agriturismo**
- To talk about daily life, including:
  - your daily routine using the 24-hour clock
  - hobbies and leisure activities
  - saying how often you do things
  - arranging outings, picnics and appointments
- To talk more about food, including:
  - shopping at the **generi alimentari**
  - working in the kitchen
  - preparing a picnic basket

Language points

- reflexive verbs
- **dire**
- **volere**

- articulated prepositions
- partitive – 'some'
- **bello, quello**
- direct object pronouns: **lo, la, li, le**
- **eccolo/-la/-li/-le**
- 24-hour clock
- **ed, ad**

Key expressions

ci divertiamo un mondo
godetevi questa giornata/
  questa lezione...
sei in ritardo
prendi tutto alla leggera
Mamma mia!
non ce la faccio più
bisogna studiare/divertirsi...
non bisogna essere troppo
  seri/aperti...

☐ Gioco

Cosa, quando, dove e con chi?

Group size: whole class
Language: reflexive verbs, time, places and activities, family

- This is a game of charades.
- Divide the class into teams of three or four students.
- Make a copy of the sentences on the opposite page, cut them into separate pieces of paper and put them in a hat.
- Write the following questions on the board:
  Che cosa faccio?
  Quando?
  Dove vado?
  Con chi?
  Come ti senti?*
  *Four of the sentences have an extra element – a reflexive verb. You could even

up the competition by selecting the sentences yourself, giving the more difficult ones to the teams who can cope with a challenge.
- Explain that each group will select a team member to pick a sentence and act it out so that the others guess it as quickly as possible.
- Explain that the sentence will contain the answers to the four questions you have written on the board. Students can point to them as they are acting, if they wish. You may want to give them an example of the type of sentence they will be guessing.
- Have with you a watch that indicates seconds. Give students a two-minute time limit and devise a point scoring system. For example, a group could score four points if they guess within the first minute, two points from 60 to 90 seconds or one point if they guess in the last 30 seconds.

Gioco

Mi alzo alle quattro e mezza e vado al lavoro con mio padre.

Mi sveglio alle sei e un quarto e vado al mercato con i miei genitori.

Mi preparo alle dieci meno un quarto e vado al picnic con la classe.

Mi vesto alle venti e dieci e vado al cinema con mia sorella.

Mi faccio la barba alle diciotto meno dieci e vado a giocare a tennis
con la mia professoressa.

Mi lavo e mi vesto alle sette e mezza e vado a giocare a golf con mio zio.

Mi alzo alle dieci meno un quarto e vado a un picnic con i miei nonni.

Vado a casa alle diciassette e un quarto con mia mamma e leggo un libro.

Alle ventuno meno venti mi ricordo di un film e guardo la televisione con mia zia.

Vado alla partita di football a mezzogiorno con un mio amico e mi arrabbio.

Vado al ristorante con la mia famiglia a mezzogiorno e venti e mi diverto.

Vado al cinema a mezzanotte con mia moglie/mio marito e mi addormento.

Faccio una passeggiata alle ventuno e quarantaquattro con una mia amica e mi stanco.

Vado al bar con i miei cugini ogni sabato e bevo un cappuccino.

Vado a scuola alle nove meno venti e mi incontro con gli amici.

☐ Test – Capitolo cinque

Nome _____

Cognome _____

Classe _____

A Che tempo fa?

What is the weather like in each of the Italian cities shown on the map? Looking at the temperatures and the symbols, write whether you think it is nice or terrible weather.

Torino _____   Roma _____

Milano _____   Napoli _____

Venezia _____ Cagliari _____

Bologna _____ Palermo _____

Firenze _____ Cantanzaro _____

Test – Capitolo cinque ☐ ████████ •••

B Che cosa fa?

Identify the action illustrated by writing the appropriate verb for each.

_____   _____   _____   _____

   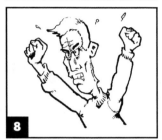

_____   _____   _____   _____

_____   _____

Now write a sentence for each verb, using the subjects below.

1 Noi _____

2 Lei _____

3 Io _____

4 Marco e la sua amica _____

5 Tu _____

6 Tu e Carla _____

7 Emilio _____

8 Io e Franco _____

9 Loro _____

10 I ragazzi _____

C La cucina è a posto

For each of the items numbered, write exactly where in the kitchen they are located.
The numbers of the exercise correspond to the numbers in the illustration.

1 _____

2 _____

3 _____

4 _____

5 _____

6 _____

7 _____

8 _____

9 _____

10 _____

Test – Capitolo cinque ☐ ▇▇▇▇▇▇▇▇▇▇▇ •••

D Ma dove sono?

If you were in the kitchen pointing out the items numbered (on the previous page), without naming them, how would you say 'here it is/here they are'? Write the answers next to the corresponding numbers.

1 _____   6 _____

2 _____   7 _____

3 _____   8 _____

4 _____   9 _____

5 _____   10 _____

E Belle quelle preposizioni!

Complete these sentences by using the correct form of the prepositions and adjectives highlighted.

su

1 La bottiglia è _____ tavolo.

2 C'è molto vento _____ colline oggi.

di

3 Riccardo è il fratello _____ mia amica.

4 Il lavoro _____ professori non è facile.

in

5 L'apriscatole è _____ zaino.

6 Che cosa c'è _____ armadi in cucina.

quello

7 _____ esercizio è troppo difficile.

8 Dov'è _____ scatoletta di tonno?

bello

9 Signora, che _____ figli che ha!

10 Oggi fa veramente _____ tempo.

F Le espressioni

Which of these sentences or expressions would you use in the following situations?

> Che cosa ci posso fare?   Non lo so.   Grazie, altrettanto.
>
> Non c'è di che.
>
> Prende tutto alla leggera.   Qualcos'altro?   Ma diamoci del tu.
>
> Non ce la faccio più.   Poveretto.   Auguri.

1 Someone thanks you profusely.

_____

2 A friend has borrowed your book, cassette and pen. You make a sarcastic comment.

_____

3 You've been blamed for something over which you had no control.

_____

4 You feel sorry for someone.

_____

5 You're tired of being formal with someone you've known for a while.

_____

6 You're asked a question to which you don't know the answer.

_____

7 You comment on a happy-go-lucky, carefree friend.

_____

8 You're going through the formalities at the start of a meal.

_____

9 A friend tells you it's his **onomastico** today.

_____

10 You've been studying all day and are totally exhausted.

_____

Test – Capitolo cinque ▢ ▮▮▮▮▮▮▮▮▮▮ ...

Ⓖ L'ecologia

Match the illustrations with the messages about the environment.

Mettete le bottiglie nell'apposito contenitore.

Amate la natura e godetevela.　Non bisogna inquinare l'aria.

Pulito è più bello.

Anche il rumore inquina.　Usate il contenitore per il riciclaggio della carta.

Bisogna rinverdire le città. Creiamo spazi verdi.

Riducete il traffico in centro. Usate i mezzi pubblici.

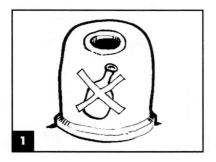

_____

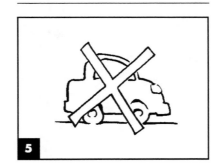

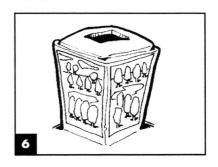

_____

_____

H Che cosa bisogna portare a un picnic?

For the first time, your younger brother is in charge of organising a picnic, which you're going on tomorrow. Write him a note reminding him of all the things he'll need to bring. You can use the illustration as a guide if you wish.

_____

_____

_____

_____

_____

_____

_____

_____

_____

1 La domenica di Marco

Write a description of how Marco normally spends his Sundays. Feel free to make comments and give your opinion on what he's like.

_____

_____

_____

_____

_____

_____

_____

_____

_____

_____

_____

J Un mio amico italiano

You've just received an e-mail from your new Italian friend. Reply to all his questions, ask some of your own and comment on what he says about himself.

Hello new friend! (Ti piace il mio inglese?)

Come stai? Qui a Roma fa troppo caldo. Non ce la faccio più! Che tempo fa da te? Bello?

Come sempre in agosto la mia città è piena di turisti. Tu quando vieni? Ti voglio incontrare di persona.

Che tipo sei? Che cosa ti piace fare quando hai un po' di tempo libero? Ti piace lo sport? Guardi spesso la televisione o preferisci andare al cinema? Che tipo di musica ti piace? Ascolti anche delle canzoni italiane? Mamma mia, quante domande!

A me piacciono molto le gite in campagna, le passeggiate e l'aria pulita…Sono un verde. Tu che cosa dici di questo? È importante proteggere la natura, vero? Non ho molto tempo adesso. I miei amici mi aspettano. Dicono che sono sempre in ritardo e che prendo tutto alla leggera. Non lo so. Forse è vero. Non mi piace essere troppo serio.

Bai bai for now. Scrivi presto.
Your friend, Antonio

_____

_____

_____

_____

_____

_____

_____

_____

_____

_____

_____

Esame Orale

L'interrogazione

1 Using the **fotoromanzo**

    e.g. – Guarda la foto numero dieci.

        – Chi c'è?

        – Come sono i ragazzi?

        – Che cosa dice Caterina?

        – Che cosa vuole fare Tim adesso?

        – Quale foto preferisci?

        – Che cosa ti piace di questa foto?

        – Che cosa si vede?

        – Che cosa dicono?

2 Using the **Botta e risposta**

    e.g. – A che pagina è il tempo in Italia?

        – Va bene. Secondo te, che mese può essere?

        – Tu che tempo preferisci?

        – Dove fa più caldo, a nord o a sud?

Preparate una scenetta
Role Play

1 Divide the class into groups of three: a shopkeeper, a client and a friend.

2 Set the scene.

A shopper goes into the **generi alimentari** to do the weekly shopping. The shopper and the shopkeeper exchange pleasantries. The shopper buys four things, asking prices and deciding on how much to buy. The shopkeeper suggests things that are good, new, sweet, cheap, etc...and works out the cost of each item and then the total.

Meanwhile, a friend of the shopper comes in. The friend and the shopper chat about the weather, and ask each other how the various members of their families are. The shopper asks if the friend is free that afternoon or evening and so they arrange to go out. They discuss where to go and what to do. The shopkeeper also makes suggestions. Finally, they arrange to meet somewhere. The shopkeeper asks to come along. They agree and say goodbye to one another.

La scenetta bell'e pronta

Dal generi alimentari

Personaggi: la signora Porchetta (lavora nel generi alimentari), Paolo Visconti, e Maria Monte

Porchetta: Buongiorno, signor Visconti. Come sta?

Visconti: Buongiorno, signora. Sto male. Il tempo è brutto. Non mi piace il freddo.

Porchetta: Sì, è vero. Questo tempo è brutto. Che cosa desidera?

Visconti: Vorrei della ricotta, per favore.

Porchetta: Questa ricotta è molto buona. E non costa molto.

Visconti: Quanto costa?

Porchetta: È solo L.1.500 all'etto. Quanta ne vuole.

Visconti: Trecento grammi, per favore.

Porchetta: Tre etti viene L.4.500. Vuole altro?

Visconti: Sì, prendo anche un etto di mortadella e due etti di prosciutto.

La porta si apre e entra Maria.

Visconti: Uei! Ciao, Maria. Come stai?

Monte: Ciao, Paolo. Sto bene, grazie. Che cosa fai?

Visconti: Faccio la spesa, naturalmente.

Monte: Sì, certo. Che brutto tempo abbiamo.

Visconti: Brutto? È bruttissimo. C'è un vento freddo freddo, e piove sempre.

Porchetta: Vuole altro?

Visconti: *(non ascolta la signora Porchetta)* Senti Maria cosa fai questo pomeriggio?

Porchetta: Vuole altro?

Monte: Non lo so.

Visconti: Perché non andiamo al cinema. C'è il nuovo film di James Bond.

Porchetta: Vuole altro, signor Visconti?

Visconti: Ah, scusi, sì...prendo anche del formaggio parmigiano.

Monte: D'accordo, Paolo. C'incontriamo davanti al cinema alle quattro.

Porchetta: *(un po' arrabbiata)* Uffa! Ma quanto ne vuole? Un chilo, due chili?

Visconti: *(non sente la signora Porchetta, parla con Maria)* No, facciamo cinque.

Porchetta: *(sotto voce)* Cinque chili di formaggio, mamma mia!

Monte: Benissimo alle cinque davanti al cinema.

Visconti: Mi scusi, signora, quanto viene?

Porchetta: In tutto viene L.239.000.

Visconti: Che cosa?!

Porchetta: Beh, certo. Cinque chili di parmigiano costano molto, sa!

A Gioco di concentrazione

Type of activity: matching (*Note: this is not an assessment activity*)
Aim: to talk about leisure time activities, to make choices, to match
Language: io prendo questa carta...e quest'altra
              Che cos'è?
              è differente/la stessa
              Dov'è l'altra?
              Eccola!
              continuo io...
Number of students: 2

1 Make a copy of the following four pages for each pair. Cut the pages up and make a pack of 32 cards. Familiarise yourself with the phrases and the illustrations and how they match.

2 Hand out a pack to each pair. Ask them to shuffle the cards and to place them face down into four rows of eight.

3 Students take it in turns to look at two cards at a time, in an attempt to find a match between an illustration and a phrase. If the two cards don't match, they are replaced face down. If they do, the student who has correctly made the match keeps them and has another turn.

4 The game is completed when there are no cards left face down. The student with the most pairs is the winner.

Ecco un esempio

Studente A: Comincio io o cominci tu?
Studente B: Comincio io. Prendo questa carta.
Studente A: Che cosa dice?
Studente B: Dice fare una gita ecologica. E poi prendo questa carta qui.
Studente A: Che cos'è?
Studente B: Non lo so. Domandiamo la professoressa...
Professoressa: È fare una passeggiata.
Studente B: Allora è differente.
Studente A: Adesso io prendo questa carta...Fare una gita in campagna...e questa...eccola, è la stessa. Continuo io...

andare in campagna

andare in città

andare allo zoo

andare al mercato

fare una gita ecologica

fare un picnic

fare una passeggiata

godersi il panorama

Gioco di ▢ ██████████ **...**
concentrazione

✂

giocare a tennis	**giocare a bocce**
giocare a golf	**giocare a calcio**
guardare la televisione	**leggere un libro**
ascoltare la musica	**giocare a monopoli**

Gioco di concentrazione

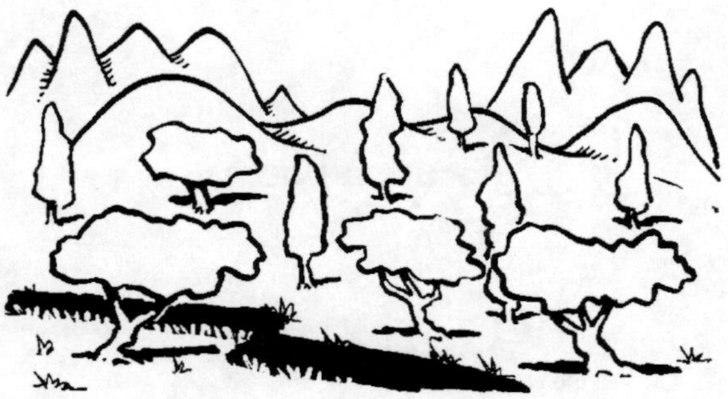

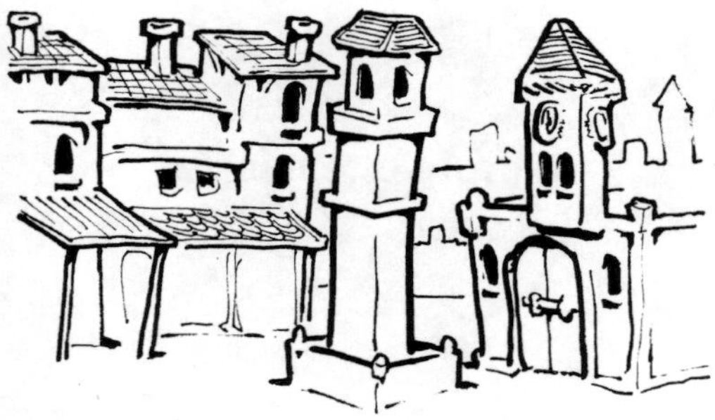

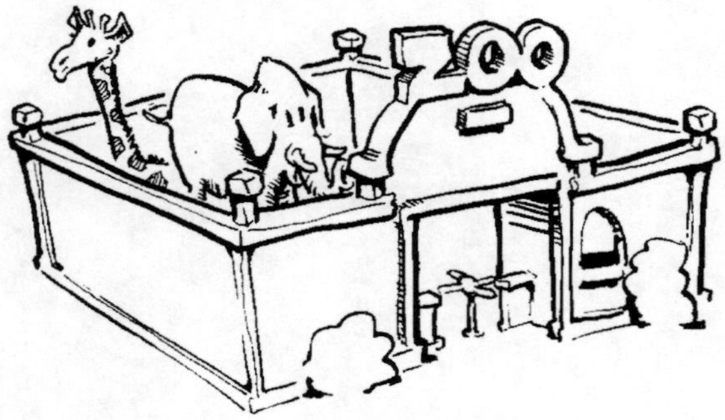

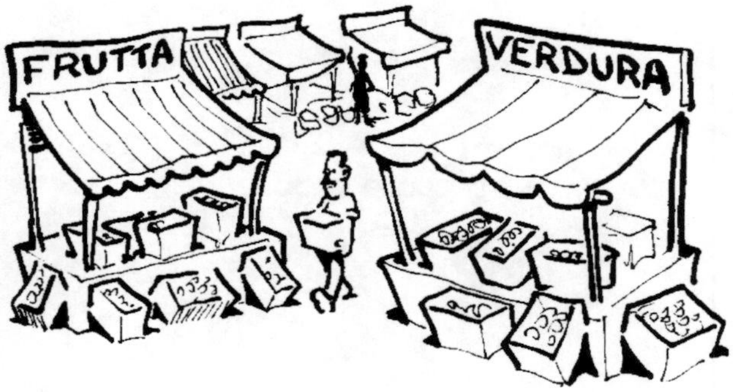

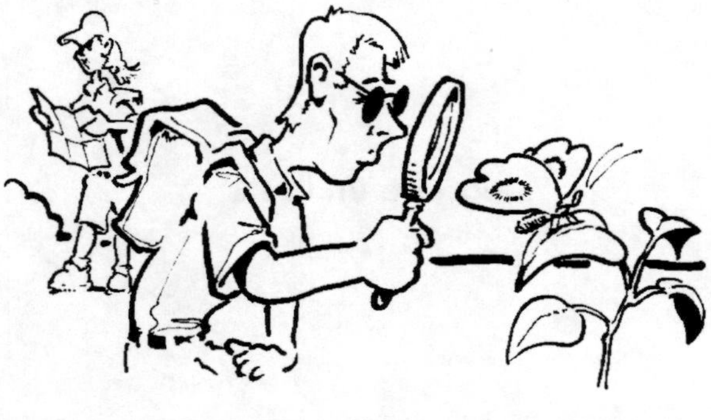

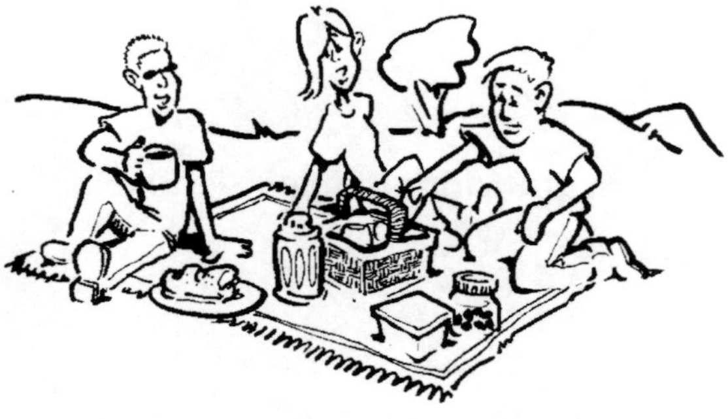

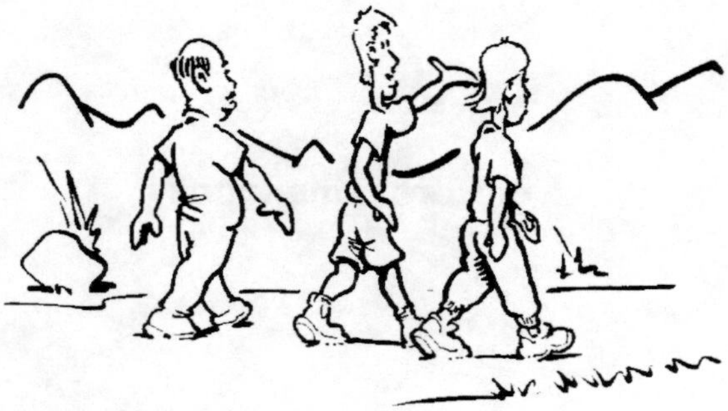

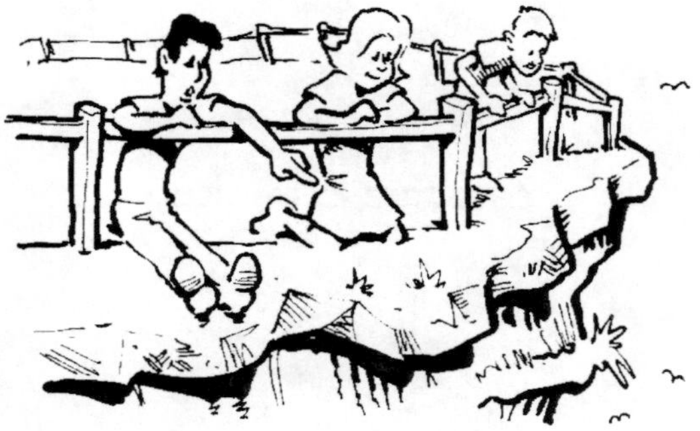

Gioco di □ ■■■■■ ...
concentrazione

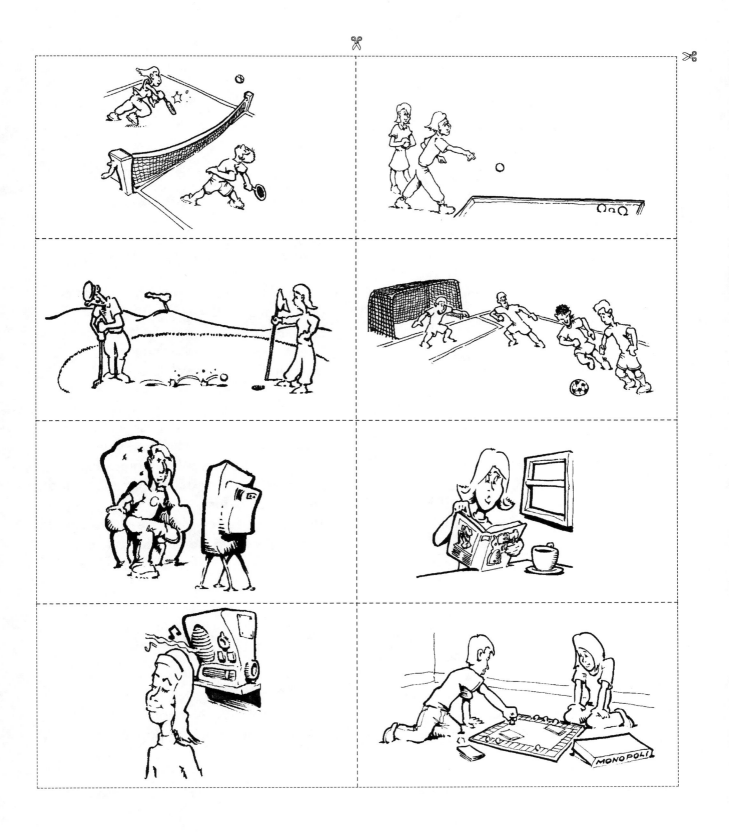

B Che cosa facciamo?

Type of activity: matching
Aim: to talk about where to go and what to do
Language: Dove vogliamo andare?
Che cosa vuoi fare?
io voglio/non voglio/mi piace/preferisco...
giocare a...
andare...
fare una gita/passeggiata...
D'accordo. Ottima idea!
Number of students: 4

*Note: Before attempting this activity, give the class the **Tocca a voi A** game, or you could photocopy the **Studente B** page of **Tocca a voi A**, hand it out and do a **Botta e risposta** type activity.*

1 Make a copy of the following five pages for each group and cut up the four **Situazione** cards.

2 Divide the class into groups of four. Ask the members of each group to sit around a table facing one another.

3 Before giving out the **Voglio/Non voglio** sheets, make sure that the students are familiar with the expressions which they can use to describe each illustration.

4 Place a pack of **Situazione** cards face down in the middle of each group, in the correct order – one to four.

5 Give each student a **Voglio/Non voglio** sheet.

6 Ask students to pick up the first **Situazione** card and to read it.
È domenica pomeriggio. Fa bel tempo. Il cielo è sereno. Volete andare in macchina, ma dove volete andare?
Explain that they must ask one another questions until they all agree on where to go. To answer the questions, each student must consult their **Voglio/Non voglio** sheet.

7 When they have reached agreement, they pick up the next **Situazione** card and continue as before.

8 The activity is over when they have agreed on the answer to the question on card four.

Ecco un esempio

Studente A: Allora, è una bella giornata e vogliamo fare una gita in macchina.
Studente B: Esatto. Dove vogliamo andare. Al mercato?
Studente A: Sì, per me va bene.
Studente D: Anch'io voglio andare al mercato.
Studente C: No, mi dispiace ma io non voglio andare al mercato. Volete andare allo zoo?
Studente A: No, io non voglio andare allo zoo. Perché non andiamo in campagna.
Studente B: Sì, per me va bene.
Studente C: Io sono d'accordo.
Studente D: Sì, anch'io voglio andare in campagna. Benissimo, andiamo tutti in campagna.
Adesso leggiamo la seconda carta...

...alla fine
Studente A: Finalmente, ci siamo! Vogliamo tutti ascoltare la musica.

Che cosa facciamo? ☐ ██████████████ ...

Situazione

✂

1

È domenica pomeriggio.
Fa bel tempo. Il cielo è sereno.
Volete andare in macchina, ma
dove volete andare?

2

Va bene, siete d'accordo.
Volete andare in campagna,
ma che cosa volete fare?

3

Benissimo, adesso siete
d'accordo. Andate in macchina
ma la macchina non vuole
partire. Cambiate idea. Andate
qui vicino a fare dello sport.

4

Purtroppo adesso c'è
vento ed è nuvoloso. Forse
piove. Cambiate idea. Fate
qualche cosa a casa.
Ma che cosa?

Voglio/Non voglio

A Voglio

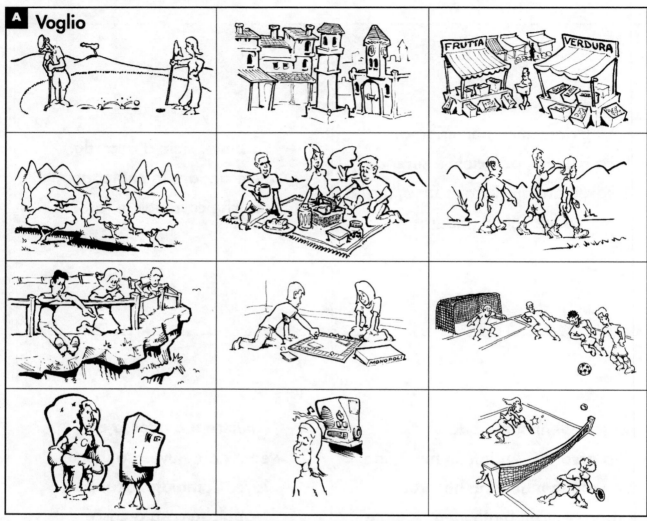

Non Voglio

Che cosa facciamo?

Voglio/Non voglio

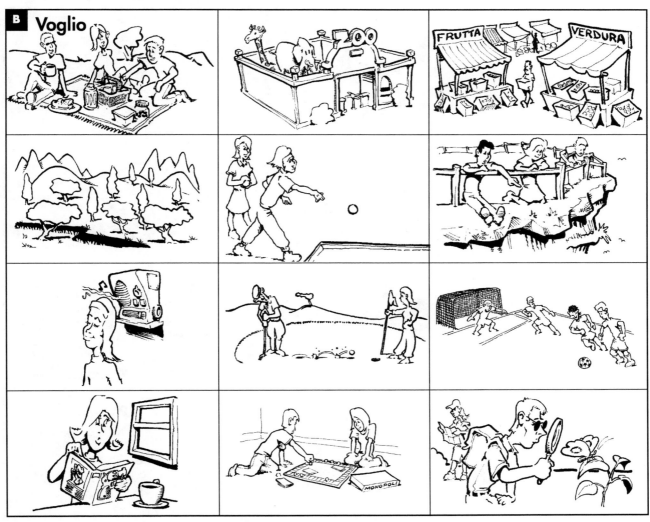

Voglio/Non voglio

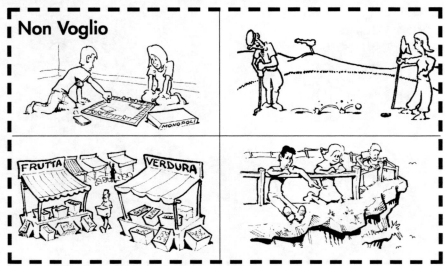

Che cosa facciamo?

Voglio/Non voglio

D Voglio

Tocca a voi

C Il sabato di Roberto

Type of activity: matching
Aim: to talk about appointments and things to do
Language: Che cosa fa alle...?
Dove va?
Con chi...?
A che ora gioca/visita...?
dalle...alle...
Number of students: 4

1 Make a copy of the four diaries on the following page. Cut out each diary and give one to each member of the group.
2 Tell students that they each have a different and incomplete list of Roberto Ferri's appointments for Saturday.
3 Explain that students must complete the list of appointments by asking one another questions. Make sure that each student asks only one question at a time.
4 The activity is completed when they have filled in, in complete sentences, all of the diary entries.

Il sabato di Roberto

luglio — Diario

S A B A T O **27** L U G L I O

6.00 mi alzo
7.00
8.30 Bar – Franco e Stelio
9.00
10.15 – 11.15
12.00
12.45
14.30
15.55 – 18.10 gita eco. – studenti
19.00
20.15

luglio — Diario

S A B A T O **27** L U G L I O

6.00
7.00
8.30
9.00 mercato – spesa per cena
10.15 – 11.15
12.00 preparare gita eco.
12.45
14.30
15.55 — 18.10
19.00 Barbara - preparare cena
20.15

luglio — Diario

S A B A T O **27** L U G L I O

6.00
7.00 45 min. passeggiata in campagna
8.30
9.00
10.15 – 11.15
12.00
12.45 ristorante con professori
14.30
15.55 — 18.10
19.00
20.15 arrivano amici

luglio — Diario

S A B A T O **27** L U G L I O

6.00
7.00
8.30
9.00
10.15 – 11.15 Aennis - Emilia !!
12.00
12.45
14.30 film ecologico - tv
15.55 — 18.10
19.00
20.15

D La vostra giornata

Type of activity: matching
Aim: to talk about appointments and things to do
Language: Che cosa fa alle...?
Dove va?
Con chi...?
A che ora gioca/visita...?
dalle...alle...
Number of students: 3

*Note: This activity is the same as **Tocca a voi C**, except that students fill in their own information.*

1 Make a copy of the page containing four blank diaries. Give a copy of the full page to every student.
2 Ask each student to enter six things that they did yesterday or last Saturday, on one of the diary pages. Remind them to write their name and date and the precise times.
3 Then ask them to write the same date on the other three diaries, copying two different entries from the six entries in the first diary, onto each one.
4 Collect the diaries and use the best ones for an activity like **Tocca a voi C**, to be done in groups of three.

La vostra giornata

Diario

Nome
Giorno, mese e anno
ore

_____

_____

_____

_____

_____

_____

Diario

Nome
Giorno, mese e anno
ore

_____

_____

_____

_____

_____

_____

Diario

Nome
Giorno, mese e anno
ore

_____

_____

_____

_____

_____

_____

Diario

Nome
Giorno, mese e anno
ore

_____

_____

_____

_____

_____

_____

☐ Ascoltiamo!

Tape scripts

A Previsioni del tempo

Listen to the weather forecast then write each city's minumum and maximum temperatures for the day.

Le previsioni del tempo per l'Italia valevoli fino alle ore tredici di domani.

1   Milano – nebbie in mattinata. Venti leggeri da nord nel pomeriggio. Temperatura minima sei gradi, massima tredici.

2   Torino – nuvoloso con possibili piogge. Minima otto, massima dodici.

3   Venezia – nevicate in mattinata con cielo coperto e piogge nel pomeriggio. Minima zero, massima undici.

4   Bologna – cielo sereno con venti leggeri da nord. Temperatura minima sette gradi, massima tredici.

5   Firenze – nuvolosità in graduale diminuzione. Minima undici, massima diciotto.

6   Roma – Si prevedono venti forti con possibili piogge in serata. Minima dodici gradi, massima quindici.

7   Napoli – Tempo variabile con nuvolosità in aumento e venti da forti a molto forti. Temperatura minima tredici gradi, massima diciassette.

8   Catanzaro – Tempo variabile tendente al bello. Cielo sereno con venti leggeri da est. Temperatura minima quindici, massima diciannove.

9   Palermo – Cielo sereno con nuvolosità in aumento stanotte. Minima quattordici gradi, massima diciannove.

10 Cagliari – Cielo sereno con temperatura da quindici a ventidue gradi.

Mari. Da mossi a molto mossi il Mar Ligure e Tirreno, poco mossi gli altri mari.

Abbiamo trasmesso le previsoni del tempo per l'Italia valevoli fino alle ore tredici di domani. Buonasera.

Now listen for a second time and write the city names next to the appropriate symbols.

B Sono d'accordo

Listen to Carlo ask his friends to do something with him, then put the correct number in the first box next to the appropriate illustration. In the second box place a tick if they agree or a cross if they don't.

1 – Lucia, vuoi fare una passeggiata con me?
  – No, grazie. Non mi va. Sono stanca morta.

2 – Ragazzi, volete venire al cinema con noi stasera. C'è un film di Mel Gibson.
  – Beh, sì.
  – Perché no?
  – Stasera siamo liberi.

3 – Avanti, Tim, andiamo al bar a prendere un caffè.
  – Grazie ma non voglio andare al bar adesso. Devo fare i compiti.

4 – Caterina, questo pomeriggio vorrei studiare un po'. Vogliamo studiare insieme?
  – Studiare?! Tu?! Incredibile! D'accordo, studiamo insieme.

5 – Ragazzi, domani mattina prima di andare a scuola, perché non venite a fare colazione a casa nostra?
  – Ottima idea!
  – Veniamo a casa vostra verso le otto, va bene?
  – Sì, perfetto.

6 – Caterina, Lucia e Stefano domani vogliono giocare a tennis. Vogliamo giocare anche noi?
  – Mi dispiace, Carlo, ma domani sono occupata. Ho tante cose da fare.

Ascoltiamo

C Il videoregistratore

Before they set off on holiday, these people want to set their video recorder to record their favourite programmes. (Luckily they have a video recorder on which they can record as many programmes as they like.) As they go through the TV guide, circle the initial of the day that each programme is on and write in the time it starts, using the 24-hour clock.

1 – Sai che ci sono due film di Totò in TV questa settimana?
– Veramente? Quali?
– Il primo si chiama *Totò Cerca Casa* ed è sul Canale 5, martedì alle venti e trenta.

2 – E l'altro quando lo danno?
– Vediamo…*Totò al Giro d'Italia* lo danno venerdì pomeriggio alle quindici e quarantacinque.

3 – Mi piacciono tanto i vecchi film.
– Beh, se ti piacciono i vecchi film, alla TV domenica sera c'è anche *Casablanca* con Humphrey Bogart e Ingrid Bergman.
– Veramente, domenica? A che ora?
– Alle diciotto e quindici.

4 – Hai mai visto *La Dolce Vita*, il film di Federico Fellini?
– No.
– Se lo vuoi vedere è su Rai Uno, sabato alle ventidue e dieci.

5 – Ci sono anche due importanti partite di calcio questa settimana. Italia–Inghilterra è in diretta mercoledì alle diciannove e venti.

6 – E l'altra partita?
– Francia–Germania. Comincia alle ventuno e quaranta di giovedì.

7 – E *Italia Sera*, la registriamo? Dicono che questa settimana è da non perdere.
– Certo. So che è martedì sera ma a che ora?
– Alle diciannove e trentacinque.

8 – Il quiz *La ruota della fortuna* è un programma simpatico. Lo registriamo?
– Perché no?
– Lo danno lunedì alle diciassette e cinquantacinque.

D Che cosa fai?

As Stefano tells his friend a little about his daily routine, write the correct time under the appropriate picture. Listen carefully because the pictures are not in order.

– Stefano, che cosa fai la sera? Vai a letto presto?
– Ma no. Scherzi? La sera mi piace andare fuori con gli amici. Di solito andiamo in discoteca o al cinema e torniamo a casa tardi. Mangio qualcosa poi vado a letto verso l'una e mezza circa.
– È assurdo. Ecco perché sei sempre così stanco. Ti addormenti subito, spero.
– Beh, a volte leggo il giornale o un libro, ma di solito mi addormento entro un quarto d'ora, verso le due meno un quarto.
– E la mattina a che ora ti svegli?
– Mi sveglio alle sette e mezza precise, ogni mattina. Ho la sveglia.
– Scusa, ma se ti svegli alle sette e mezza, perché arrivi sempre in ritardo a scuola?
– Mi sveglio alle sette e mezza, ma mi alzo verso le otto.
– E come fai a prepararti in tempo?
– Prima di tutto, verso le otto e un quarto, mi faccio la barba. Poi quando finisco, mi lavo…verso le otto e venticinque. E poi faccio colazione e leggo un po' il giornale.
– Leggi il giornale?! E quando ti vesti, allora?
– Mi vesto quando finisco di mangiare…verso le nove meno cinque, e poi vado a scuola.
– Stefano, sei veramente impossibile!
– Beh, cosa ci posso fare?

E Generi alimentari

The **generi alimentari** is having some specials this week. Listen carefully as the owners discuss the prices, then write the price they decide on, on the appropriate price tag.

- Teresa, questa settimana da dove cominciamo?
- Dalla pasta, naturalmente!
- Bene, allora, io controllo i prezzi e tu li scrivi. La pasta: spaghetti...10% di sconto
- 'Offerta speciale, solo per questa settimana: 1.600 lire per il pacco da mezzo chilo.'
- Sì, è una buona offerta!
- Le olive: dobbiamo vendere le olive... facciamo 1.200 lire all'etto.
- Allora, le olive...vediamo...1.200 lire all'etto. Va bene.
- Poi ci sono...i pomodori secchi...di solito li vendiamo a 4.500...4.000! Sì, 4.000 lire va bene.
- Anche il formaggio costa un po' troppo. Lo scontiamo?
- Buona idea! Facciamo così. Il formaggio Parmigiano lo vendiamo a...3.000 lire l'etto. E il salame? Anche il salame allo stesso prezzo speciale, 3.000 all'etto.
- D'accordo. Formaggio...3.000 e salame tremila.
- Teresa, cosa offriamo ancora questa settimana?
- Vediamo...l'acqua minerale? E le scatolette di tonno?
- Teresa, sei un genio! Allora: il tonno lo mettiamo a 2.700 lire...e l'acqua minerale a 1.000, no...950 lire la bottiglia.
- Ma da bere, solo acqua minerale?
- Certamente, no! Scontiamo anche la birra, sì...Birra Peroni Nastro Azzurro...sei bottiglie, 12.600 lire.
- Allora, 12.600 lire.

- E adesso basta. Dobbiamo tenere qualche offerta per la prossima settimana!
- Hai ragione, Mario, e io adesso devo controllare tutti i prezzi un'altra volta!

F Che confusione!

This house guest is trying to help his friend to tidy up her kitchen, but is not sure where everything goes. As she tells him where to put things, draw a line to connect the object and where it goes.

- Va bene, siamo pronti?
- Sì, ma c'è un macello qui dentro. Dove vanno tutte queste cose? Questi piatti, per esempio, dove li mettiamo?
- I piatti vanno lì, sugli scaffali.
- E anche i bicchieri vanno sugli scaffali, vero?
- Sì, bravo. I bicchieri vanno proprio sugli scaffali.
- E metto il sale sugli scaffali?
- No, il sale va nell'armadio. Ecco, e adesso prendi anche il pepe.
- O.K., ma dove lo metto?
- È ovvio, no? Va lì, nell'armadio con il sale.
- E il pane dove lo metto? Nell'armadio?
- No, no, per adesso mettilo sul tavolo.
- Questi coltelli vanno nel cassetto, vero?
- Sì. Esatto. I coltelli e anche le forchette. Vanno insieme, no?
- Anche i cucchiaini vanno nel cassetto, vero?
- Beh, adesso ci facciamo un caffè. Per ora metti i cucchiaini sul tavolo. E giacchè ci sei, metti anche le tazze sul tavolo.
- Prendo anche lo zucchero?
- Ma, certo. Metti lo zucchero sul tavolo con le tazze e i cucchiaini.
- Abbiamo finito adesso?
- Sì, prendiamoci questo caffè!

Ho Capito

Objectives

- To introduce students to the variations of more formal Italian
- To practise understanding language similar to what has already been learnt, but that is more complex – in this case the radio weather forecasts

Suggested approach

- First look at the photos on page 84 of the *Textbook*, read the questions and discuss the possible answers.
  - **Guardate la foto numero due. È una grande città o una piccola città?**
  - **Secondo me, è piccola. Forse è Urbania.**
  - **Sì, esatto. E che tempo fa oggi?**
- Listen to one dialogue at a time. Replay the section of the cassette more than once until everyone understands the answers to the three questions.
- Make a copy of the script and compare the more formal language to the colloquial way of saying the same thing.

Tape script

1 Ecco le previsioni del tempo valevoli ventiquattr'ore per la capitale. Mattino soleggiato con un leggero peggioramento verso la fine della giornata. Dalla seconda parte del pomeriggio fino a notte inoltrata, possibili banchi di nebbia nella periferia di Roma. Ricordiamo di fare attenzione. Temperature previste per la giornata di domani: la minima sarà di tre gradi centigradi, e la massima di 15 gradi centigradi.

2 Qui teleradio Urbania, il meteo. Oggi, lunedì 24 novembre, purtroppo la giornata non sarà molto bella, e si prevede pioggia. La temperatura avrà punte massime di 16 gradi centigradi durante la mattina, mentre la notte la temperatura scenderà fino a zero gradi centigradi.

3 ...e per Rimini, oggi si prevedono temperature alte. Infatti la colonnina di mercurio arriverà fino a 32 gradi centigradi. Leggermente al disopra della media stagionale. Il cielo sarà coperto da banchi di nuvole che spariranno nel pomeriggio grazie ai venti provenienti da sud-est.

4 ...mentre per Pompei, la giornata sarà particolarmente calda e afosa. Si prevedono infatti 42 gradi centigradi, che diminuiranno di poco nelle ore serali e notturne. Si prevede che il termometro non scenderà al disotto dei 30 gradi centigradi.

Capitolo sei

Objectives

- To talk about the past, including:
  - what you've done
  - where you've been
- To talk about travel and holidays, including:
  - planning a trip
  - getting transport information
  - saying how you go places
  - discussing distances
  - saying how long a journey takes
  - getting to know Rome
- To discuss possibilities, including:
  - what you can do
  - what you must do
  - comparing things
  - giving excuses
  - what you know
  - what services are offered in different shops and places

Language points

- perfect tense
- irregular past participles
- impersonal **si**
- **sapere o conoscere**
- **sapere** in the present tense
- **dovere** in the present tense
- **potere** in the present tense
- **più**
- negative expressions
- **ci**
- **ne**
- nouns ending in **-ista**

Key expressions

Accidenti!
Dici sul serio?
Lasciate fare a me!
meno male
Smettetela!
tutto ad un tratto
bisogna amare il prossimo
hai ragione
Presto!

□ Gioco

Dove sei andato e che cosa hai fatto?

Group size: whole class, ideally groups of eight to ten

Language: past tense, travel, places

- This game is similar to **Gioco di memoria** in **capitolo due**.
- Sit the students in a circle facing one another.
- Explain that each student, in turn, must say a sentence which includes:
  1 where she went **2** how she went
  3 what she did
  – **Sono andata a Roma in aereo e ho visitato il Colosseo.**

- The second student repeats what the first student said and adds his own sentence.
  – **Sandra è andata a Roma in aereo e ha visitato il Colosseo. Io sono andato a Sydney in treno e ho visitato l'Opera House.**
- The third student continues in the same way.
  – **Sandra è andata a Roma in aereo e ha visitato il Colosseo. Adriano è andato a Sydney in treno e ha visitato l'Opera House. Io sono andato a Venezia in autobus e ho visto le gondole.**
- Continue going around the circle building on the information. When a student makes a mistake, he or she is out. The last student remaining is the winner.

Test – Capitolo sei □ ▪▪▪

Nome _____

Cognome _____

Classe _____

A Che cosa hanno fatto?

Write a sentence connecting the activities illustrated with the people below.

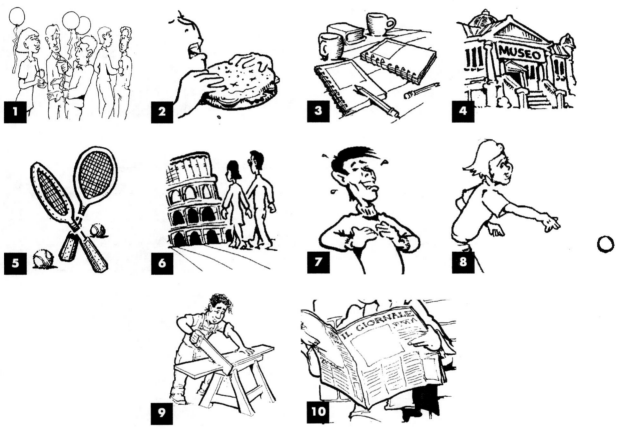

1 Loro _____

2 Tu _____

3 Io _____

4 Tutti gli amici _____

5 Io e Rocco _____

6 Tu e Luisa _____

7 Emilio _____

8 Lei _____

9 Lui _____

10 Le mie sorelle _____

B Perché non possono?

Write one sentence connecting one element from each of the three columns. The first column tells you who is being talked about. The second column indicates what they want to do, and the third why they can't. The first one is done for you.

Chi?	Vogliono	Perché non possono
1 Io	studiare	andare alla festa
2 Luigi	pagare	andare in banca
3 I miei cugini	giocare a bocce	visitare i nonni
4 Io e te	andare a Roma	lavorare
5 Voi	partire	aspettare il prossimo aereo
6 Marta	gridare	arrabbiarsi
7 I vostri amici	festeggiare	prepararsi per l'esame
8 Tu	cambiare i soldi	aspettare che la banca apre

1   *Io voglio partire ma non posso perché devo lavorare.*

2   _____

3   _____

4   _____

5   _____

6   _____

7   _____

8   _____

Test – Capitolo sei

C Che cosa si fa qui?

Write a phrase under each illustration, saying what you can do at these places. Make sure you use the verb **potere**.

1 _____

2 _____

3 _____

4 _____

5 _____

6 _____

7 _____

8 _____

D Ti piace viaggiare!

Write where the following people went and how they got there.

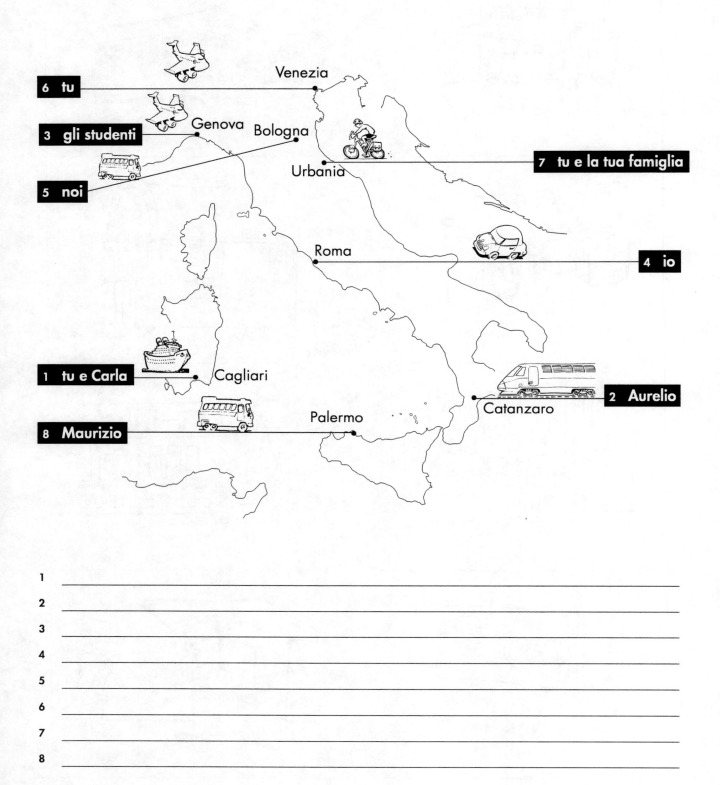

1 _____
2 _____
3 _____
4 _____
5 _____
6 _____
7 _____
8 _____

Test – Capitolo sei □ ■■■■■■■■■■■■ ...

E Sapere o conoscere?

Complete these sentences using the correct form of either **sapere** or **conoscere**.

1 Susanna va spesso in Italia. Infatti, la _____ molto bene.

2 Scusi, _____ a che ora parte il pullman per Napoli?

3 Ecco ragazzi, finalmente arriva Paolo. Lo _____, vero?

4 Scusate, _____ come andare a Piazza di Spagna?

5 Non posso. Tu _____ bene che domani ho un esame a scuola.

6 I romani _____ molto bene Via dei Fori Imperiali, naturalmente.

7 Non tutti gli italiani _____ cantare bene.

8 Lascia fare a me. Io _____ dove comprare i biglietti per l'autobus.

F Non sapete mai niente

Complete these sentences using the correct form of **mai**, **niente** or **nessuno**.

1 Purtroppo, _____ ho _____ visitato la Città del Vaticano.

2 Ho fame, ma _____ c'è _____ nel frigo.

3 _____ conosco _____ che si arrabbia come Edoardo.

4 _____ bisogna _____ prendere le cose alla leggera.

5 Non domandare a Barbara, lei _____ sa mai _____.

6 Sono già le undici. Perché _____ c'è _____ qui?

C Ci o ne?

Read Carlo's account of his day, then answer the questions below. Make sure you use **ci** or **ne** in each answer.

Che giornata noiosa oggi! Sono andato a scuola alle sette e mezza questa mattina e ho completato tre compiti prima delle lezioni.

Ma la professoressa non è venuta. Poveretta, sta male in questi giorni. Al suo posto è venuto il professor Arduini. Lui è veramente pesante. Con lui, non abbiamo fatto niente. Abbiamo solo letto trentaquattro pagine del nostro libro!

Dopo le lezioni, io, Caterina e Annamaria siamo andati al bar a prendere qualcosa da mangiare. Al bar normalmente ci sono tante cose buonissime da mangiare; focacce, pizze, dolci...invece oggi...niente! Abbiamo preso solo un panino.

Nel pomeriggio prendo la bicicletta e vado al Palazzo Ducale...è chiuso. Vado al campo di tennis...non c'è nessuno. Vado a casa di Stefano...anche lui non c'è. Allora ritorno a casa e guardo la televisione, da solo, per tutta la sera.

1   A che ora è andato a scuola?

_____

2   Quanti compiti ha completato?

_____

3   Chi non è venuto in classe?

_____

4   Quante pagine del libro hanno letto con il professor Arduini?

_____

5   Con chi è andato al bar?

_____

6   Quanti panini hanno comprato?

_____

7   Come è andato a casa di Stefano?

_____

8   Quanti posti ha visitato nel pomeriggio?

_____

Test – Capitolo sei ☐ ▓▓▓▓▓▓▓▓▓▓▓▓ ...

H Secondo me...

Compare the two people or places and give your opinion on who or what is more famous, beautiful etc.

1   Roma e Firenze (bello)

_____

2   Lucia e Caterina (aggressivo)

_____

3   Giulio Cesare e Marco Antonio (famoso)

_____

4   il Colosseo e la chiesa di San Pietro (grande)

_____

5   l'arco di Costantino e il monumento a Vittorio Emanuele (alto)

_____

Now give your opinion about which is the most famous, beautiful etc.

1   italiano/a (famoso)

_____

2   monumento (bello)

_____

3   città italiana (eccezionale)

_____

4   montagna (alta)

_____

5   città (antica)

_____

Now complete the following sentences stating whether the first amount is more or less than the second amount given in each.

1   Un chilo è _____ due etti.

2   Un mezzo chilo è _____ seicento grammi.

3   Quattro etti sono _____ trecento grammi.

1 Dov'è andata Lucia?

Lucia went on a trip alone last Sunday. She has kept all her tickets and receipts. Use them to piece together what she did. Describe everything in as much detail as possible.

Servizio Autopullman

Da	A	Ora	Data
Urbania	Perugia	6.45	21 lug
Perugia	Urbania	21.50	21 lug

KM	Indice speciale	TASSA
190	RIC.TAR.-F12	L.24000

Bar del Corso
Corso Vanucci 37
Perugia

1 Cappuc	L.2.800
1 Pannino	L.3.500
Totale	**L.6.300**

BIGLIETTO D'INGRESSO

Collegio del Cambio
MOSTRA D'ARTE

Il Perugino e i suoi contemporanei
Aperto da mart. – dom.

dalle 10.00 alle 13.00
LIRE 5.000

Teatro Comunale Commedia

Nessuno sa niente!
di Mario Fo

Spettacolo ore 18.00

Prezzo   L.8.500

Ristorante
LA TAVERNETTA
Via Perugia, 13
VILLA S. GIOVANNI (Reggio Cal.)

	Pane e coperto	1.500
1	Secondo piatto	10.000
1	Contorno	4.000
1	Bevande	2.000
1	Caffè	1.000
	TOTALE	18.500

LIBRERIA Rizzoli

Via Cavour 43
Perugia

1 Guida di Perugia	L.12.500
TOTALE	L.12.500

Gelateria Artigianale
Perugia

1 cono singolo	L.2.000
TOTALE	**L.2.000**

_____
_____
_____
_____
_____
_____
_____
_____
_____
_____

J L'invito

You've been invited to a birthday party, but you really don't want to go. You also don't want to hurt the feelings of the person who has invited you. Decline gracefully, saying how great you think the party will be and then giving some good excuses for why you can't come.

---

invito

Carissimo!

Ecco un invito irresistibile. Vuoi venire alla festa per il mio compleanno, **sabato prossimo alle 19.30?** Sarà una festa piccola ma divertente, con tanta musica (classica, naturalmente). Sarà una festa senza torte (non mi piacciono i dolci…sono io già molto dolce!) ma con tanto da mangiare. Questo è un invito speciale…per te. Puoi venire?

Un caro saluto

Luisa

L'interrogazione

1 Using the **fotoromanzo**
   e.g. – Guarda le foto a pagina 90.
   – Come si chiama questa fontana?
   – Che cosa si può fare qui per essere sicuri di ritornare?
   – Che fanno i ragazzi nella foto undici?
   – Secondo te, che cosa mangiano/bevono?
   – Da qui dove possono andare? Come ci possono andare?

   – Guarda la pagina accanto.
   – Come si chiama questa chiesa/questo fiume?
   – Nella foto quattordici chi parla?
   – Che cosa dicono?
   – Dove vanno dopo Piazza San Pietro?

2 Using the **Botta e risposta**
   e.g. – Guardiamo i monumenti di Roma. A che pagina sono?
   – Va bene. Secondo te, qual è il monumento più
     bello/grande/antico/moderno/famoso...?
   – Che tempo fa oggi?
   – Secondo te, che cosa dice Nuccia/Valentino/Lucia?

3 Using the **A tu per tu**
   e.g. – Guarda gli orari dei treni in partenza.
   – Se vuoi andare a Milano quando puoi partire?
   – Con che tipo di treno? Da quale binario?
   – Che ore sono?
   – Fra quanto tempo parte il treno per Nettuno?

Preparate una scenetta
Role play

*Note: This situation is very similar to the **Ascoltiamo E** in this chapter. Make sure students have completed it before attempting this exercise. After you've set the scene for this activity, have them listen to **Ascoltiamo E** again.*

1 Divide the class into pairs: a travel advisor and a traveller in each.
2 Set the scene.
   The prospective traveller walks into the **ufficio informazioni**, greets the advisor and asks for some travel information. He is not sure where to go and how to travel. The advisor makes lots of suggestions about where to go, how to get there and how much it will cost. The traveller always has a reason why the suggestion isn't suitable. Some reasons are quite ridiculous.

   As they continue, the advisor becomes more and more frustrated. In the end, the advisor gives up and angrily tells the would-be traveller to stay home and watch the soccer. He thinks this is a great idea, thanks the advisor and leaves. The advisor greets him sarcastically and makes a disparaging remark after he's left.

La scenetta bell'e pronta

All'ufficio informazioni

Personaggi: Rosa (la persona che ci lavora), Marcello (la persona che ci va per chiedere informazioni)

Siamo all'ufficio informazioni a Napoli. Sono le otto e mezza.

Marcello: Buongiorno. Vorrei chiedere delle informazioni, per favore.

Rosa: Prego, s'accomodi. Come La posso aiutare?

Marcello: Io e mia moglie vogliamo fare una piccola gita.

Rosa: Benissimo. Quando volete partire e dove volete andare?

Marcello: Oggi...e non so dove... forse a Roma.

Rosa: Oggi stesso? Non avete molto tempo. C'è un aereo che parte per Roma alle 9.30 e poi un altro alle 10.45.

Marcello: Molto bene. Quanto costa?

Rosa: Andata e ritorno viene 397.000 lire.

Marcello: Dice sul serio? Mamma mia, mi dispiace, costa troppo.

Rosa: Va bene, allora perché non ci va in treno. Costa solo 59.000.

Marcello: Ecco. Adesso ci siamo! A che ora possiamo partire.

Rosa: Il prossimo rapido parte alle 9.00.

Marcello: Troppo presto, non c'è tempo.

Rosa: Poi c'è un altro rapido a mezzogiorno meno un quarto.

Marcello: Troppo tardi.

Rosa: C'è un treno locale alle 9.45.

Marcello: Troppo lento ferma a tutte le stazioni.

Rosa: *(guarda il suo libro)* Ecco, perfetto! Potete prendere un pullman. Parte alle 9.40. È molto veloce e costa pochissimo.

Marcello: In pullman? Scherza? Io non viaggio mai in pullman. Non mi piacciono affatto. Sto male...

Rosa: *(incomincia a stancarsi)* Va bene, va bene, allora perché non va in macchina?

Marcello: In macchina ha ha ha!! Non so guidare e non voglio guidare. È troppo pericoloso.

Rosa: *(adesso comincia ad arrabbiarsi)* Allora non può andare a Roma. Grazie, signore, arrived...

Marcello: Un momento, un momento! Dove altro posso andare oggi?

Rosa: A Firenze?

Marcello: Troppo lontano.

Rosa: A Pompei?

Marcello: Troppo vicino. Ci sono stato tante volte. Conosco già molto bene Pompei.

Rosa: *(veramente arrabbiata)* Allora senta, perché non va in barca e...

Marcello: In barca...ottima idea! Dove possiamo andare?

Rosa: Potete andare a Capri o Ischia.

Marcello: Oh no. Ho dimenticato. Viene anche mia moglie e lei non può andare in barca. Sta..

Rosa: Male! Sta male, certo! *(adesso è arrabbiatissima)* Senta, non ce la faccio più! Perché non resta a casa con sua moglie a guardare la televisione. C'è un bellissimo film con Shirley Temple alle 9.30.

Marcello: Ottima idea! Non costa niente, non dobbiamo uscire. Grazie, signora Lei è stata veramente molto gentile.

Rosa: *(sarcastica)* Prego. Non c'è di che! *(dopo che lui va via)* Scemo!

A **Il viaggio di Serena**

Type of activity: describing and sequencing
Aim: to talk about Rome, to talk about what happened
Language: perfect tense
        Dov'è andata? Che cosa ha fatto?
        Come ci è andata? In autobus, treno…
        è stata al cinema dalle…alle…
        prima, poi, dopo, più tardi
        hai ragione, secondo me, forse, decidiamo
Number of students: 2

1 Make a copy of **Il viaggio di Serena** for each pair.
2 Explain that there are 12 scenes of Serena's trip to Rome, out of sequence. Together, the two students have to work out exactly what she did and in what order.
3 Tell students to describe all of the episodes first and then to discuss the order. As they decide what happened and the order in which the episodes occurred, ask them to write down the estimated time and the number of the episode under **orario** and **numero**.
4 When they have completed their version of Serena's day, tell them to relate the story taking it in turns to recount an episode.

Ecco un esempio
Studente A: Qui, nella numero uno, Serena è andata al cinema Eliseo.
Studente B: Non è sola, c'è un'amica.
Studente A: Sì, hai ragione. È andata con un'amica.
Studente B: Allora…hanno visto un film che si chiama *La conclusione*.

Dopo che finiscono di descrivere tutte le scene, continuano così:

Studente B: Adesso decidiamo che cosa ha fatto prima.
Studente A: Secondo me, è andata al bar, ha preso un caffè e ha letto il giornale.
Studente B: No, non sono d'accordo. Secondo me, prima è arrivata a Roma in treno.
Studente A: Sì, è vero hai ragione. A che ora diciamo che è arrivata?
Studente B: Diciamo che è arrivata alla Stazione Termini alle sette…No, forse è troppo presto, diciamo le otto e mezza.
Studente A: D'accordo. Allora scriviamo otto e mezza, numero quattro.

…alla fine
Studente A: Noi diciamo che Serena è arrivata a Roma da Firenze alle otto e mezza. È arrivata alla Stazione Termini.
Studente B: Poi è andata al Bar Trombetta e ha preso…

Il viaggio di Serena

orario	numero	orario	numero

B Dove sono stato ieri?

Type of activity: guessing
Aim: to ask what you can and can't do in different places
Language: **Si può/posso/puoi...qui?**
Si deve/devo/devi...qui?
Sì certo.
No non si può.
qualcosa da mangiare, da bere, da leggere...
infinitive of verbs
Number of students: 3 or 4

1 Make a copy of the following two illustrated pages. Cut them up and make a pack of cards.
2 Divide the class into groups of three or four.
3 Ask the students in each group to sit facing one another and place the pack of cards face down in the middle of the group. Explain that the object of the game is to guess the place pictured on the cards.
4 Tell the students that they will take it in turns to pick a card from the pack. The player who picks up the card begins by making a statement about something that you can or can't do in the place pictured, trying not to make obvious what the place is. The others then ask questions in turn until someone guesses correctly. A player can only make a guess if their question has prompted a 'yes' reply.
5 If you wish, you can devise a point-scoring system. The game is completed when all the cards have been used once.

Ecco un esempio

Studente A: Benissimo. Vediamo dove sono stato ieri. Qui si può comprare qualcosa.
Studente B: Si può comprare qualcosa da mangiare.
Studente A: Sì, si può.
Studente C: Si può mangiare qui?
Studente A: No, non si può mangiare.
Studente D: Si possono comprare dolci?
Studente A: No, non si possono comprare dolci.
Studente B: Si può comprare la carne?
Studente A: Sì.
Studente B: Sei stato in macelleria.
Studente A: Sì, esatto. Un punto per te.

Dove sono stato ieri?

C Dove andiamo questo weekend?

Type of activity: planning and making decisions

Aim: to talk about where to go and how to get there

Language: Dove andiamo il primo/ secondo...weekend?

Come ci andiamo? Quanti chilometri ci sono da...a...

Secondo te, quanto ci vuole da...a...in treno/aereo...

Ottima idea! Preferisco...forse, decidiamo...

Number of students: 2

1 Make a copy of the following two pages for each pair of students.

2 Divide the class into pairs. Both students are to look at both pages.

3 Tell the students that they are spending a month studying Italian in Urbania and during that time they have three free weekends. The aim of the activity is to plan different trips to other Italian cities on those free weekends.

4 Give students enough time to read and assimilate the information about travel from Urbania. You may want to discuss this with them first.

  – Urbania è una piccola città. C'è una stazione?

  – No, e non ci sono pullman.

  – Allora si può andare a Urbino in macchina...forse con un amico...

5 Explain that the travel time given is a rough estimate. It is there to help them work out roughly how long different trips might take.

6 Ask students to decide:

  – where they want to go and perhaps why

  – how they will get there from Urbania (Tell them to vary each of the three trips.)

  – roughly how long each trip will take and when they will go and return

7 Ask students to make a note of what they decide to do, in the spaces provided. This will help them remember what they worked out. At the end of the activity students could report back to the rest of the class.

Ecco un esempio

Studente A: Dove vuoi andare il primo weekend?

Studente B: Il primo weekend voglio andare a Venezia.

Studente A: Perché Venezia?

Studente B: Secondo me, è la città più bella del mondo.

Studente A: Va bene. Allora come ci andiamo? In pullman?

Studente B: Non possiamo, perché non c'è un pullman che va a Venezia da Urbino. Secondo me, bisogna andare in treno.

Studente A: D'accordo. Possiamo prendere il treno da Pesaro. Allora prima andiamo a Urbino in autobus, poi prendiamo il pullman per Pesaro, e poi prendiamo il treno.

Studente B: Esatto! Adesso decidiamo quando vogliamo andare. Quanto tempo ci vuole da Urbania a Venezia.

Studente A: Allora, vediamo. Trentacinque minuti da Urbania a Urbino in autobus.

Studente B: Sì, e poi trenta minuti da Urbino a Pesaro in pullman. Diciamo un'ora.

Studente A: Sì, ma dobbiamo anche aspettare.

Studente B: È vero. Allora diciamo due ore.

Studente A: Poi da Pesaro a Venezia in treno, secondo me, ci vogliono tre o quattro ore.

Studente B: Diciamo quattro se dobbiamo aspettare un po'. In tutto quanto ci vuole?

Studente A: In tutto ci vogliono circa sei ore. Quando andiamo?

Studente B: Io voglio stare a Venezia tutto sabato e domenica, allora dobbiamo partire venerdì...

☐ **Dove andiamo questo weekend?**

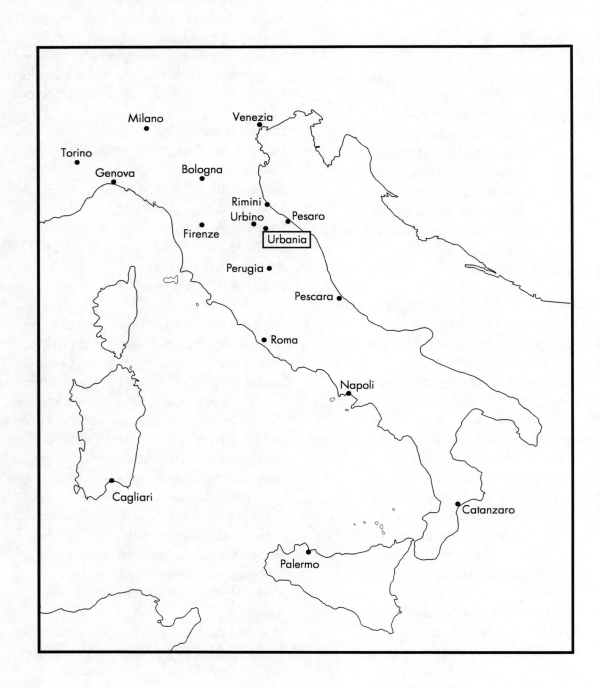

Milano

Venezia

Torino

Genova

Bologna

Rimini

Urbino   Pesaro

Firenze   Urbania

Perugia

Pescara

Roma

Napoli

Cagliari

Catanzaro

Palermo

Dove andiamo █ questo weekend?

*In **macchina**

Da	A	Tempo
Urbania	Urbino	25 minuti

*In **autobus**

Da	A	Tempo
Urbania	Urbino	35 minuti

*In **pullman**

Da	A	Tempo
Urbino	Pesaro	30 minuti
Urbino	Firenze	3 ore
Urbino	Roma	4 ore
Urbino	Perugia	90 minuti
Urbino	Rimini	1 ora

*Si può prendere il **pullman** da Urbino.

*In **treno**

Da	A	Tempo
Pesaro	Bari	3 ore
Pesaro	Bologna	90 minuti
Bologna	Venezia	1 ora

*C'è una **stazione** in tutte le città, ma non a Urbania o Urbino.

*In **aereo**

Da	A	Tempo
Roma	Milano	1 ora

*C'è un **aeroporto** in tutte le città ma non a Urbania o Urbino.

Decidete e poi scrivete qui:

Primo weekend	Secondo weekend	Terzo weekend
Dove?	Dove?	Dove?
_____	_____	_____
Come?	Come?	Come?
_____	_____	_____
Quanto tempo?	Quanto tempo?	Quanto tempo?
_____	_____	_____
Quando?	Quando?	Quando?
_____	_____	_____

□ Ascoltiamo!

Tape scripts
A Guardiamo le diapositive!

After the students' trip to Rome, professor Di Matteo is showing them slides of famous Roman monuments. Match his comments with the pictures by writing the appropriate numbers in the boxes below.

– Accidenti, queste maledette diapositive...aspettate un momento, ragazzi...Ecco, va bene, adesso ci siamo. Diapositiva numero uno. Conoscete questo monumento, vero? Esatto, questo è il Colosseo, il monumento più famoso di Roma.

– Diapositiva numero due: la famosa Basilica di San Pietro, progettata da Bramante, Michelangelo, Raffaello ed altri. È domenica, e tutte queste persone sono venute per vedere ed ascoltare il papa.

– Numero tre...ah, la bellissima Fontana di Trevi. Si dice che chi butta una moneta nella fontana sicuramente tornerà a Roma.

– Numero quattro. Ecco Piazza di Spagna, uno dei punti di ritrovo più famosi di Roma. Guardate quante persone ci sono sedute sui gradini.

– Diapositiva numero cinque...dove siamo adesso? Ah, sì, Piazza Navona, un altro famoso punto di ritrovo. È carina anche questa fontana, vero?

– Numero sei. Questo è il Foro Romano, il centro politico e commerciale dell'antica Roma.

– Andiamo avanti. Numero sette. Dietro a quegli alberi c'è Castel Sant'Angelo, costruito come mausoleo per l'imperatore Adriano e la sua famiglia.

– Numero otto. Questa è Villa Borghese, la villa più bella di Roma con il suo laghetto, lo zoo e i bellissimi giardini. Grazie per la vostra attenzione, ragazzi. Per oggi è tutto. A domani.

B Hai una piantina?

The students often like to go on day trips from Urbania, so Roberto has prepared a map of the area to give them. Unfortunately he forgot to write how far away each place is, so as he tells the students the distances, write them on the map on the appropriate connecting line.

– Va bene, ragazzi, ecco una piantina dei posti più interessanti che ci sono qui vicino. Mi dispiace ma ho dimenticato di scrivere le distanze, così se mi volete ascoltare per un momento, io ve le leggo e voi le scrivete sulla piantina. Va bene?

– Sì, va bene.

– Allora, vedete Urbino? È una città molto vicina ad Ubania. Dunque, da Urbania ad Urbino ci sono solo 22 chilometri. Per arrivarci, in macchina o in autobus, ci vuole circa mezz'ora. Poi, sul mare, c'è Pesaro. Da qui a Pesaro ci sono 55 chilometri. Da Urbania ad Ancona ci sono 110 chilometri. Gubbio è a sud, a 52 chilometri da qui.

– Piano, Roberto, vai troppo veloce. Gubbio: 52. O.K.

– Posso continuare adesso? Assisi è a 102 chilometri...e Perugia è lontana 95 chilometri da Urbania. Va bene così, Carlo?

– Sì, certo, e quanti chilometri ci sono da qui a Siena? Ci vuole molto? Vogliamo andarci domani.

– Beh, da qui a Siena ci sono 155 chilometri. In macchina ci vogliono circa tre ore perché bisogna attraversare gli Appennini. Poi da qui a Firenze ci sono 175 chilometri. Per andare a Rimini ci sono 90 chilometri. Una delle gite più belle è quella per andare a San Marino. Ci sono 72 chilometri di montagne verdi e splendidi panorama. Ci sono domande?

– Sì. Quanto ci vuole a piedi da qui a San Marino?

– Uffa, Carlo! Non fare lo scemo.

C Quanto ci vuole?

Listen to these people talk about where they've been. Write how long each trip took, and the means of transport that was taken.

1 – Carlotta, che cosa hai fatto domenica scorsa?

– Beh, domenica sono andata a Tivoli. Sai che non è lontano?! Con l'autobus ci vogliono solo 45 minuti.

2 – E tu, Amadeo?

– Io sono andato a visitare un amico a Napoli.

– A Napoli? È lontano, no?

– No. In treno ci vogliono solo due ore.

3 – E tu, Emilio, hai fatto qualcosa di bello domenica?

– Domenica, no, non ho fatto niente, ma sabato ho fatto una bella passeggiata con degli amici. Siamo andati alla Fontana di Trevi.

– A piedi?!

– È una passeggiata, no? Naturalmente, a piedi. Da casa mia ci vuole solo mezz'ora.

4 – Hai fatto qualcosa d'interessante il weekend scorso, Franca?

– Interessante? No. Sono andata a Londra per lavoro.

– Sei andata a Londra per il weekend? Oh, poveretta!

– Due giorni di lavoro e sei ore in aereo andata e ritorno non sono molto divertenti, sai?

5 – E tu, Salvatore, sei andato a Piazza Navona domenica sera, vero?

– Sì. Ci sono andato con alcuni amici.

– Come ci siete andati, a piedi?

– Ma no, scherzi? Con l'autobus ci vogliono solo 15 minuti.

6 – Natalia, tu che cosa hai fatto domenica?

– Io? Io non ho fatto niente.

– Ma dai! Niente?...Proprio niente?

– Beh, ho fatto un po' di spesa. Il supermercato è qui vicino. Cinque minuti in macchina e sono lì.

– Mmm, interessante, molto interessante!

D Lasciate il messaggio dopo il bip...

One of the students has invited a few people over for dinner on Saturday and has asked them to leave their replies on his answering machine, as he's had to go away for a few days. Listen as he checks the messages and put a tick next to the names of those who are coming and a cross next to those who aren't.

– Ciao,...eh, Clotilde qui...uffa, non mi piacciono queste cose! Allora, eh, sì io posso venire sabato. Grazie. Ciao.

– Pronto. Sono Carmelo. Grazie per l'invito. Devo lavorare sabato sera, fino alle nove, ma posso essere a casa tua verso le nove e mezza. Va bene? Ci vediamo sabato sera, allora. Ciao.

– Uei, brutto, come va? Sono Ernesto. Ma dove sei? Non sei mai a casa?! Senti, questa cena sabato..., ci vorrei venire, sai, ma purtroppo non posso. Devo andare a cena da mia sorella. Non mi va...preferirei venire da te ma cosa ci posso fare? Sai com'è mia sorella. Ci sentiamo. Ciao.

Ascoltiamo!

– Sono Agnese. Vuoi veramente sapere se voglio venire di nuovo a casa tua? Dopo quello che hai fatto venerdì sera hai il coraggio di invitarmi a cena? Ma sei proprio scemo allora! Certo che non ci vengo…e non ti voglio vedere mai più. Chiaro? Verme!

– Pronto, sono io, Giovanna. Grazie per l'invito, ma sai cucinare veramente? Beh, non importa. Sarò contenta di venire da te sabato sera. Ah, anche Loredana ha detto che può venire. A sabato, allora. Ciao.

E Pronto! Ufficio informazioni

Your friend is thinking of going away for the weekend but is not sure where he wants to go yet. As he phones the **ufficio informazione** to find out the various train departure and arrival times, help him by writing the times next to the appropriate city.

– Pronto.
– Sì, pronto. Vorrei un'informazione, per piacere.
– Sì, prego.
– Vorrei fare un viaggio in treno domani ma non ho ancora deciso dove andare. Mi può dire se c'è un treno per Genova domani mattina presto?
– Sì, certo. C'è il treno delle…sette e quaranta.
– E a che ora arriva a Genova?
– Arriva a Genova alle…dodici e cinquantadue.
– Cinque ore?! No, sono troppe. E Bologna?
– Sempre verso la stessa ora?…vediamo… c'è un treno che parte per Bologna alle…otto e cinque e arriva alle undici e ventisette.

– Mmm…sono sempre più di tre ore…sono troppe…Firenze. Sì, Firenze allora.
– Per Firenze c'è lo stesso treno che parte alle otto e cinque. Arriva a Firenze alle dieci e sette minuti. Sono solo due ore sa?
– Sì, interessante…Oh, ma ho sentito alla radio che domani piove a Firenze. E poi forse è meglio riposare bene ed alzarsi un po' più tardi. Può vedere se c'è un treno che va a Pescara di pomeriggio presto?
– A Pescara, eh? Vediamo! Ce n'è uno che parte alle tredici e cinquantacinque. Che ne dice? Va bene?
– Mmm…non lo so. A che ora arriva a Pescara?
– Alle diciassette e trentuno. Che peccato! Tre ore e mezzo sono troppe, vero?!
– Sì, ha ragione. Non mi va di stare in treno più di tanto…Forse vado a Napoli. Ho un amico lì. Può vedere se c'è un treno per Napoli verso la stessa ora…Non è troppo occupata, spero?
– No, no! Si figuri! Non ho niente da fare, io. Allora, un treno per Napoli, eh? Ce n'è uno che parte alle dodici e trentanove ed arriva alle quattordici e cinquantadue. Va ben…?
– Accidenti, avevo dimenticato. Lui è andato via per il weekend.
– Ma scusi, perché non sta a casa. C'è una bella partita di calcio alla TV sabato!
– Mmm…Una partita alla TV…sì, ottima idea, grazie. Lei è stata molto gentile.
– Non c'è di che. Scemo.

F Tempo libero

The students had a free afternoon yesterday. As professoressa Bucchi asks each person what they did, write the name of the student under the correct activity, then answer the question beneath the illustration.

Ascoltiamo!

- Allora, ragazzi, che cosa avete fatto ieri nel vostro pomeriggio libero? Annamaria?
- Beh, io ho visitato le chiese di Urbania. Ci sono tante chiese qui, ma, secondo me, la chiesa più bella è quella di San Francesco.

- E tu, Caterina, che cosa hai fatto?
- Io ho studiato ieri!
- Brava. Che cosa hai studiato?
- L'italiano, naturalmente. Il passato prossimo del verbo essere: io sono stata, tu sei stata, lei è...

- Grazie, Caterina, grazie...Carlo?
- Anch'io ho studiato!
- Non è vero. Carlo ha dormito tutto il pomeriggio.

- Carlo, sei sempre il solito! Tim, tu?
- Io e Stefano abbiamo fatto una gita in macchina. Siamo andati ad Urbino ed abbiamo visitato il Palazzo Ducale.

- È molto bello, vero? E tu, Gianna?
- Mah, niente di speciale. Sono andata a casa di Cecilia e poi abbiamo fatto una bella passeggiata insieme. Abbiamo camminato per le strade di Urbania finché siamo arrivate in piazza. Poi abbiamo preso un gelato.

- Bene. E Lucia?
- Beh, io sono andata al mercato e ho fatto un po' di spesa. Niente di speciale. Ho comprato del pane, del pesce, un po' di carne ed alcune altre cose.

Capitolo sette

Objectives

- To talk about clothes and fashion, including:
  - buying clothes and discussing prices
  - discussing colours and styles
  - talking about what people are wearing
  - saying who likes what
  - talking about what people bought
- To converse on the telephone, including:
  - saying greetings
  - leaving messages
  - making appointments
- To discuss occupations, including:
  - finding out what work people do
  - talking about people's work
  - discussing work you like and don't like
- To talk about the past, including:
  - saying what you did during the day
  - saying what you had to do, could do and wanted to do
- To converse at a restaurant, including:
  - asking about the menu
  - ordering food
  - commenting on the taste and quality of the food
- To get to know Venice

Language points

- reflexive verbs with modal verbs
- reflexive verbs in the perfect tense
- direct object pronouns
- **uscire** in the present tense
- **dare** in the present tense
- indirect object pronouns
- indirect and direct object pronouns with the perfect tense
- **piacere** in the present tense

Key expressions

Basta!
Dai!
Sei in gamba!
Le/ti...voglio bene
un bel po'
all'aria aperta
andiamo d'accordo
ha la testa dura
visto che
facciamo un giro
ebbene

☐ Gioco

Indovina chi sono

Group size: whole class
Language: clothes, colours, occupations, activities, **spesso**, **sempre**, **normalmente**, **mai**, **ogni**...

- This is a guessing game.
- Each student writes their name on a small piece of paper, folds the paper and puts it in a hat. Each student then takes a piece of paper out of the hat. They must then take on the identity of the person whose name they pick out of the hat.
  - Everyone takes turns in asking questions

that will help guess the identity. You could make sure that certain vocabulary or language is practised by making it compulsory to ask certain questions:
  - **Che colore ti piace?**
  - **Che cosa ti piace portare quando vai a una festa?**
  - **Che lavoro fai/vuoi fare?**
  - **Giochi a tennis?**
  - **Che cosa fai spesso?**
- When the name of the person being represented has been guessed, that person is asked to comment on or correct anything said about him/her.

Test – Capitolo sette ▢ ■■■

Nome _____

Cognome _____

Classe _____

A Che cosa portano?

Label the items of clothing, giving them a colour that would make the people look as bizarre as possible.

1 _____
2 _____
3 _____
4 _____
5 _____
6 _____
7 _____
8 _____
9 _____
10 _____
11 _____
12 _____
13 _____

☐ Test – Capitolo sette

B Che cosa piace a queste persone?

Linking the illustrations with the names under them, write a sentence for each saying what the people like. Use pronouns instead of their names.

1 Ivano

2 Raffaella

3 Natalia e Alessio

4 io e Stefania

5 tu e Giovanni

6 Lidia

7 Aldo

8 Giulia e Carla

1 _____

2 _____

3 _____

4 _____

5 _____

6 _____

7 _____

8 _____

Test – Capitolo sette

C Voglio ma non posso

Rewrite the following sentences incorporating the modal verb highlighted.

volere

1 Mi addormento all'aria aperta stasera.

_____

2 I ragazzi si fanno la doccia ogni mattina.

_____

potere

3 Io e Francesco c'incontriamo davanti alla stazione.

_____

4 Domani è domenica, allora ti alzi più tardi.

_____

dovere

5 Non vi arrabbiate se vi dico la verità.

_____

6 Quando vedi lo stop, ti fermi.

_____

In writing the above sentences, you have made a decision on where to position the reflexive pronouns. Now rewrite the sentences giving the alternative.

1 _____

2 _____

3 _____

4 _____

5 _____

6 _____

D Che cosa hanno fatto?

The activities illustrated happened in the past. Write a sentence connecting the people and what they did.

1 io

2 tu

3 Vaida

4 loro

5 Marco e la sua amica

6 le amiche

7 tu e Carla

8 Emilio

9 io e i ragazzi

10 i gondolieri

1 _____

2 _____

3 _____

4 _____

5 _____

6 _____

7 _____

8 _____

9 _____

10 _____

Test – Capitolo sette □ ...

E Che lavoro fai?

The following people chose their occupation because they like the work. Write a sentence giving the occupation of each of them and saying what they like doing.

1 **Renata**

2 **Enrico**

3 **Tina**

4 **Giancarlo**

5 **Ugo e Stella**

6 **Marianna**

7 **Cinzia e Franca**

8 **Valentino e Marco**

1 _____

2 _____

3 _____

4 _____

5 _____

6 _____

7 _____

8 _____

F I verbi sono acerbi

Complete these sentences selecting a verb from those in the box below.

sapere	decidere	assomigliarsi	uscire
alzarsi	uscire	dare	fare	essere

1 Sono stanca perché _____ presto questa mattina.

2 Eugenio e Ivano sono fratelli? Secondo me, _____ molto.

3 Laura, _____ da mangiare al gatto oggi?

4 Io studio troppo. Non _____ mai con i miei amici.

5 Voi due litigate sempre. Perché non _____ d'accordo?

6 _____ che Loredana è veramente in gamba.

7 Uffa, ragazzi! Io non _____ se prima voi non _____

dove andiamo stasera.

8 Ogni domenica pomeriggio, i Pasotto _____ un giro in macchina.

G Che tipo sei?

Answer these questions about you and your family. Use pronouns where appropriate.

1 Dai sempre un regalo a tuo padre per il suo compleanno?

_____

2 Vuoi bene a tua madre?

_____

3 Ogni quanto vedi i tuoi nonni?

_____

4 Quando è l'ultima volta che hai guardato la televisione?

_____

5 Vai spesso al cinema?

_____

6 Tu e la tua famiglia avete mai visitato l'Italia?

_____

7 Hai fatto i compiti questa settimana?

_____

8 Alla tua famiglia piacciono le feste?

_____

H Il menu

Prepare a menu that offers five courses, including appetisers, side dishes and desserts. Offer two alternatives for each course and add a brief comment or description which will encourage the diner to select the dish.

Menù

Antipasto

_____

_____

Primi

_____

_____

Secondi

_____

_____

Contorni

_____

_____

Dolci

_____

_____

1 Racconta questa storia

Recount the story illustrated below by answering the questions which follow.

Test – Capitolo sette ☐ ▮▮▮▮▮▮▮▮▮▮ **▪ ▪ ▪**

1 Chi sono e dove sono?

_____

2 Che cosa vuole fare il figlio?

_____

3 Perché il padre non è contento?

_____

4 Perché il figlio non può parlare?

_____

5 Che cosa vuole dire il figlio?

_____

6 Chi ascolta la conversazione?

_____

7 Che cosa dice? È contento?

_____

8 Che cosa dicono padre e figlio? Sono contenti?

_____

J L'indagine di mercato

You are working as a market researcher for a new chain of restaurants. Create a questionnaire by preparing ten questions, the answers to which will help you make decisions on a range of issues, including the following:

- the type of menu to have
- the type of clientele to cater for (e.g. families, couples, singles etc.)
- the location (e.g. close to public transport or close to easy parking)
- the opening times (e.g. breakfast and/or lunch and/or dinner)
- the type of decor (You could ask a question about the way people usually dress when they go out to eat, to find out what kind of place they would feel comfortable in.)
- the amount of repeat advertising to do (You could ask people how often they go to the same restaurant, which would indicate whether you need to recapture their attention regularly.)

_____

_____

_____

_____

_____

_____

_____

_____

_____

_____

_____

_____

_____

_____

_____

_____

Esame Orale

L'interrogazione

1 Using the **fotoromanzo**

   e.g. – Guarda le foto a pagina 110 e 111.
   - Dove sono andate?
   - Che cosa portano, Cecilia e Gianna?
   - Che tempo fa?
   - Che cosa hanno fatto?

   - Guarda la foto numero nove.
   - Com'è Gianna? E Cecilia?
   - Perché Cecilia è arrabbiata?
   - Che cosa c'è tra il Palazzo Ducale e le vecchie prigioni?
   - Come si chiama l'altro famoso ponte?
   - In che foto è?

2 Using the **A tu per tu**
   - Guarda il menu a pagina 120.
   - Tu che cosa prendi come primo/dolce...?
   - Perché ti piace?
   - Che cosa costa di più/meno?
   - Quanto viene la tua cena?

Preparate una scenetta
Role play

1 Divide the class into pairs. Ask students to sit with their backs to each other or not to look at each other, in order to simulate a telephone conversation.

2 Set the scene.
   - **Person A** rings **person B**. They greet each other and chat about their day.
   - Then **A** invites **B** to a party or outing.
   - **B** makes an excuse as to why he can't go.
   - **A** says that it's going to be fun, saying:
   - where it will be
   - what they will do there
   - who will go
   - For each piece of information, **B** makes an excuse.
   - **A** mentions the name of someone she knows **B** likes.
   - **B** changes his mind.
   - **A** repeats all the excuses **B** made. **B** gives a reason why he can now go.
   - They arrange to meet, and greet each other.

La scenetta bell'e pronta

La telefonata

Personaggi: Luisa e Marcello

Luisa: Pronto. Vorrei parlare con Marcello, per favore.

Marcello: Sono io. Chi parla?

Luisa: Sei tu, Marcello. Non ho riconosciuto la tua voce. Sono Luisa. Come stai?

Marcello: Non c'è male, grazie. Che cosa c'è di nuovo?

Luisa: Non c'è niente di speciale. E tu? Come è andata la tua giornata?

Marcello: La mia giornata? È stata noiosa come sempre. Mi sono alzato. Sono andato a scuola. Sono ritornato. Ho fatto I compiti…E tu?

Luisa: Stessa cosa. Ma senti, giovedì sera c'incontriamo a casa di Verena. Vuoi venire?

Marcello: Giovedì sono occupato. Ho un esame il giorno dopo e devo studiare.

Luisa: Peccato. Secondo me, ci divertiamo un mondo.

Marcello: Perché a casa di Verena? Lei abita lontano. Che cosa facciamo.

Luisa: Non so, forse ascoltiamo un po' di musica.

Marcello: Non mi piace la musica.

Luisa: Forse facciamo una passeggiata all'aria aperta. Verena non abita lontano dalla campagna.

Marcello: L'aria di campagna mi fa male. Chi ci va?

Luisa: Vengono Giorgio, Franca, Mario, Marta, Luigi…

Marcello: Mamma mia quante persone! Non mi piace quando ci sono troppe persone.

Luisa: …viene anche Beatrice.

Marcello: …È importante incontrarsi con gli amici, vero? Forse posso venire.

Luisa: Ma non devi studiare.

Marcello: Forse posso studiare martedì sera.

Luisa: Ma non è lontano, secondo te?

Marcello: Sì, certo, ma forse posso venire con Giorgio. Lui ha la macchina.

Luisa: Ma non ti piacciono le passeggiate…la musica.

Marcello: È vero, ma devo uscire, lavoro e studio troppo.

Luisa: Benissimo! Ci vediamo a casa di Verena giovedì sera. D'accordo?

Marcello: Va bene, Luisa, grazie. Ci vediamo giovedì. Ciao!

Luisa: Ciao!

Tocca a voi ☐ ███████████ ...

A Che lavoro fanno?

Type of activity: information gap and matching
Aim: to discuss occupations, what people can do and what occupations they are suited to
Language: modal verbs
> **sapere, conoscere**
> **Che lavoro fa?**
> **Che tipo è?**
> **Gli/le piace, piace a...**
> **secondo me**
> **sono d'accordo**
> **allora**
> **forse**

Number of students: 2

1 Make a copy of the **Studente A** and **Studente B** sheets for each pair.
2 Give one of each to the two students. Make sure they don't look at each other's sheet.
3 Explain that one student has the sheet containing the jobs and their descriptions, while the other has the names of people and what they can do and like doing.
4 Explain that the object of the game is to match the person with the occupations.
5 The ideal matches are as follows: Stelio–**commesso**; Amanda–**segretaria**; Rino–**professore di musica**; Salvina–**operatore di computer**; Dino–**agente viaggi**; Iolanda–**guida turistica**.

Ecco un esempio

Studente A: C'è lavoro per un commesso.
Studente B: Che cosa deve saper fare questa persona?
Studente A: Deve saper usare il computer.
Studente B: Benissimo. Stelio, Amanda, Salvina e Dino sanno usare il computer.
Studente A: Deve parlare almeno due lingue...tre con l'italiano, naturalmente.
Studente B: Va bene. Stelio parla inglese e tedesco. Amanda, no, parla solo inglese. Salvina parla tre lingue, allora va bene. Dino no, sa parlare solo spagnolo. Allora Stelio o Dino.
Studente A: Possono lavorare anche di sabato e domenica? Perché in questo lavoro devono lavorare tutti i weekend.
Studente B: Stelio sì...e...sì, anche Salvina. Che altro?
Studente A: Gli/Le deve piacere parlare e spiegare. Che tipo sono Dino e Stelio?
Studente B: A Stelio piace divertirsi, viaggiare, giocare a tennis e anche cantare.
Studente A: Allora, secondo me gli piace parlare.
Studente B: A Salvina piace leggere, ascoltare la musica e stare sola.
Studente A: Secondo me, non le piace molto parlare.
Studente B: Sì, sono d'accordo. Allora Stelio fa il commesso. Che altro lavoro c'è?...

Studente A

commessa/o
deve
• usare il computer
• parlare almeno due lingue
• lavorare tutti i weekend
• Parlare e spiegare con piacere

operatore di computer
deve
• usare il computer
• conoscere i programmi Microsoft Word e Excel
• scrivere in tedesco
• ogni tanto lavorare al weekend

agente viaggi
deve
• organizzare viaggi in Sud America
• usare il computer
• conoscere bene lo spagnolo
tempo libero
• lunedì e martedì

professore di musica
deve
• essere un tipo allegro e paziente
• lavorare da lunedì a sabato
• organizzare piccole feste
• suonare uno strumento musicale

guida turistica
deve
• parlare inglese e tedesco
• essere un tipo allegro
• lavorare tutti i weekend
• guidare il pullman

segretario/a
deve
• usare il computer
• viaggiare
• essere bravo/a a organizzare
• corrispondere in inglese

Nome	**Lavoro**
Amanda	_____
Stelio	_____
Rino	_____
Salvina	_____
Dino	_____
Iolanda	_____

Che lavoro fanno? ☐ ████████ •••

Studente B

Salvina

sa
- parlare e scrivere in francese, tedesco e inglese
- cucinare molto bene
- usare il computer: conosce tutti i programmi Microsoft

può
- lavorare anche al weekend

piace
- leggere
- ascoltare la musica
- stare sola

Amanda

sa
- parlare e scrivere l'inglese
- usare il computer
- organizzare

può
- lavorare tutta la settimana

piace
- viaggiare
- leggere
- visitare i musei

Iolanda

sa
- parlare in francese, tedesco, spagnolo e inglese
- cantare
- suonare la chitarra
- guidare il pullman

può
- lavorare da martedì
- a domenica

piace
- stare all'aria aperta
- parlare
- viaggiare

Rino

sa
- parlare inglese e spagnolo
- cucinare
- organizzare
- suonare la chitarra

può
- lavorare di sabato ma non di domenica

piace
- stare all'aria aperta
- giocare a bocce
- ascoltare la musica pop

Stelio

sa
- parlare in inglese e tedesco
- usare il computer
- cucinare

può
- lavorare anche di sabato e di domenica

piace
- viaggiare
- cantare
- divertirsi
- giocare a tennis

Dino

sa
- organizzare
- usare il computer
- guidare il pullman
- parlare spagnolo

può
- lavorare da mercoledì a domenica

piace
- viaggiare
- guardare lo sport
- suonare il pianoforte

Nome	Lavoro
Amanda	_____
Stelio	_____
Rino	_____
Salvina	_____
Dino	_____
Iolanda	_____

B Il negozio di abbigliamento

Type of activity: negotiating
Aim: to discuss clothes, including colours, style and cost
Language: Di che colore...?
vorrei/vuole...
Quanto costa/viene?
money, family, likes and preferences
Number of students: 2

1 Use the catalogue on pages 124 and 125 of the *Textbook*.
2 Tell students that this is the same activity as in the *Textbook* except for the shopping instructions.
3 You could give each pair a different instruction:
   e.g. – Buy something for each member of your family.
   – Buy yourself a new set of clothes.
   – Spend as much/as little as possible.
   – Spend as close to _____ lire as possible.
   – Select an unusual colour combination.
   – Give a list of clothes bought and have students exchange them, giving excuses as to why they must return them.
4 Have students report back.

Ecco un esempio

Professore: Hai comprato queste cose come regali di Natale per la tua famiglia; una camicia, un pigiama, una giacca, e una giacca con cappuccio. Ritorna al negozio e cambia queste cose per altre. Il commesso vuole sapere perché devi cambiare ogni cosa. Alla fine calcola se devi pagare di più o se il commesso ti deve dare dei soldi.

Studente A: Buongiorno. Si ricorda di me? Io sono venuta prima di Natale per comprare regali per la mia famiglia.

Studente B: Sì, certo. Come sta, signora? È andato tutto bene?

Studente A: Veramente non è andato tutto bene. Ho comprato tante cose ma le devo cambiare.

Studente B: Che cosa deve cambiare?

Studente A: Beh, ho comprato una camicia per mio fratello e adesso vorrei qualcos'altro.

Studente B: Perché? È troppo piccola o troppo grande? Non gli piace il colore?

Studente A: No, non gli piacciono le camicie, preferisce le polo.

Studente B: Vuole cambiare la camicia per una polo, allora.

Studente A: Sì, per favore. Ha lo stesso colore...grigioverde?

Studente B: No, mi dispiace, abbiamo senape, bianco o blu.

Studente A: Prendo quella blù. Quant'è la differenza?

Studente B: La camicia costa 85.000 lire e la polo 40.000. Le devo dare 45.000.

Studente A: Poi... ho comprato un pigiama per mio padre ma...

C Marco e Gina visitano Venezia

Type of activity: information gap
Aim: to describe what someone did
Language: perfect tense
        Dov'è andata?
        Che cosa hanno fatto?
        è arrabbiata, sono contenti...
        prima, poi, dopo, più tardi
        secondo me
        forse
Number of students: 2

1 Make a copy of the following pages, **Gina visita Venezia** and **Marco visita Venezia,** for each pair. Hand the pages out, making sure the students in each pair don't look at each other's sheet.
2 Explain that one student has six scenes of Gina's trip to Venice, and the other has six scenes of Marco's trip. Both are out of sequence.
3 Tell students firstly to describe in detail all of the episodes on their sheet. Then explain that they need to piece the story together by deciding the order of events. To help students remember the order, ask them to number the scenes.
4 When they have completed their version of the story, ask them to relate the story taking it in turns to recount each episode.

Ecco un esempio

Studente A: Io ho la giornata di Gina. Lei ha visitato Venezia. In questo disegno è andata al ristorante con Marco. Lei ha mangiato poco e lui ha mangiato moltissimo.
Studente B: Allora, io ho la giornata di Marco. Nel primo disegno lui è andato alla stazione, ma il treno non si è fermato, e naturalmente si è arrabbiato…
Studente A: …benissimo, adesso raccontiamo la storia. Gina si è alzata alle sette meno cinque…
Studente B: …e Marco si è alzato alle sette e un quarto. Poi si è fatto la doccia e la barba…

Marco visita Venezia

Tape scripts

A Che lavoro fai?

Can you guess who is speaking? Listen to each person describe what they do in their job, then write the person's name under the appropriate picture.

1 Ciao, mi chiamo Dora. Il mio è un lavoro interessante ma molto duro. Di mattina lavoro all'ospedale e di pomeriggio lavoro in clinica. Quando una persona sta male, viene da me.

2 Io mi chiamo Franco e lavoro in un ufficio. Il mio direttore è una persona esigente ma disorganizzata. Devo fare tutto per lei: scrivere lettere, rispondere al telefono, lavorare al computer ed organizzare la sua giornata. È fortunata che io sono così comprensivo!

3 Buongiorno, io sono Federico. Lavoro in un posto molto simpatico. Qui potete incontrarvi con gli amici e parlare, o sedervi e riposarvi o, se volete potete prendere qualcosa da bere o da mangiare.

4 Volete vedere il Colosseo ed il Foro Romano? O passare l'estate sulle spiagge della Costa Ligure? O forse camminare per le strade dell'antica Pompei? Allora, venite da me. Il mio nome è Evelina ed io posso organizzare tutto questo per voi.

5 Buongiorno, io sono Massimo. Non mi piace lavorare in un ufficio o in un negozio. Io preferisco lavorare all'aperto. Ho una bancarella al mercato e vendo tante cose buone da mangiare.

6 Dove volete andare: alla stazione, all'aeroporto, o forse volete fare un giro della città? Se avete un appuntamento urgente, telefonate a Bruno, che sono io, e vi ci porto subito!

B Tutti al lavoro

These people are responding to a survey about their occupations, how they get to work and how long it takes. Record the answers on the form below.

1 – Mi scusi, signore, Lei che lavoro fa?
 – Io? Io faccio il cameriere.
 – Lavora qui vicino?
 – Sì, proprio qui, in questo ristorante. Si mangia bene qui, sa?
 – Sì, ci credo. E come viene al lavoro?
 – In autobus.
 – Quanto ci vuole per venire qui da casa sua in autobus?
 – Beh, da casa mia...quindici minuti, circa.
 – Grazie.

2 – E Lei, lavora qui vicino?
 – Sì, anch'io lavoro in questo ristorante.
 – Allora, anche Lei è cameriere?
 – No, io faccio il cuoco. Deve provare le mie tagliatelle alla marinara...Sono veramente spettacolari!
 – Grazie, molto gentile, ma purtroppo adesso sono un po' occupata. Come viene al lavoro?
 – Beh, anch'io prendo l'autobus. Veniamo al lavoro insieme noi due, ma io abito un po' più lontano. Io ci impiego circa venti minuti.
 – Grazie.

3 – Scusi, signora, Lei che lavoro fa?
 – Chi, io?
 – Sì, signora. Lei, che tipo di lavoro fa?
 – Io faccio l'avvocato.
 – Lavora qui in città?
 – Sì, e sono anche fortunata perché abito qui vicino.
 – Ci vuole poco per andare al lavoro la mattina allora?
 – Beh, sì, sono cinque minuti a piedi.

4 – Banane! Solo duemila lire al chilo le banane!

Ascoltiamo! □ ▪▪▪

- Scusi, Lei che lavoro fa?
- Pomodori…pomodori freschi…solo mille e cinque al chilo i pomodori!
- Mi scusi. Le posso fare una domanda? Lei che lavoro fa?
- Vendo frutta e verdura.
- Eh, già, e mi può dire che mezzo di trasporto prende per andare al lavoro?
- La macchina. Mi deve scusare. Sono molto occupato!
- Sì, mi dispiace, ma se permette, solo un'altra domanda. Quanto ci impiega a venire al lavoro in macchina?
- Mezz'ora. E adesso, se non le dispiace…?
- Sì, grazie!
- Arance, pere, uva…

5 – Scusi, signora, Lei che lavoro fa?
- Sono commessa.
- Prende il trasporto pubblico per andare al lavoro?
- Sì, prendo l'autobus.
- Quanto ci vuole per arrivare al lavoro?
- Venti, venticinque minuti circa.
- Grazie, buongiorno.

C Ti piace colorare?

The father of Clara has just bought her a new colouring book. Listen as he helps her colour in one of the pictures, then label the illustration with the colours.

- Allora, Clara, sei pronta? Hai le tue matite colorate?
- Sì, papà, sono tutte qui: la matita verde, quella rossa, quella marrone…
- Sì, va bene, va bene…Da dove vogliamo cominciare, allora? Cominciamo dalla macchina?
- Possiamo colorarla di rosso come la nostra macchina, papà?
- Certo, Clara, brava!
- E poi coloriamo l'autobus di giallo, va bene?

- Sì, molto bene.
- Ecco, ecco e…la strada, la strada la coloriamo di rosa.
- Rosa? Ma no, Clara. Le strade non sono rosa, sono nere o…grige, forse.
- Ma papà, non mi piacciono le strade nere. Io la voglio colorare di rosa.
- Eh va bene. E questo laghetto, allora? Di che colore lo vuoi fare?
- Azzurro, naturalmente.
- Eh sì, naturalmente!
- Poi…vediamo. Mmm…arancione la barca, credo. Oh, e questi piccioni li coloriamo di viola. Che ne pensi, papà?
- Perché no? Viola è un bel colore. E l'aereo, di che colore lo vuoi fare?
- L'aereo…verde. E queste colline….blu, sì, blu. Ecco, abbiamo finito. Ti piace, papà?
- Uuu, come no! È bellissimo.
- Ne facciamo un altro adesso, papà?
- Eh…no. Proprio adesso no, Clara. Ne facciamo un altro domani!

D Chi è?

You will hear three statements for each set of pictures. As you listen to each statement, cross out the picture that doesn't match with it. After the third statement you should be left with the picture that best illustrates the information given in the statements.

1 È alto. Parla al telefono. Porta i jeans e un maglione.
2 È magra. Aspetta il treno alla stazione. Porta una camicetta e una gonna.
3 Fa il commesso. Vende articoli in vetro. Porta un vestito grigio e le scarpe nere.
4 Gioca a calcio. È molto stanco. Porta i pantoloncini bianchi e la maglietta nera.
5 È cuoca in un ristorante. Prepara una bistecca ai ferri. Parla con un cliente.

E Ma costa troppo!

This clothing store is having a sale. As the manager and shop assistant discuss prices and the colours available, write the information on the sign next to the appropriate item in the shop window display.

– Allora, da dove cominciamo? Vediamo…Cominciamo con le camicie. Mettiamo…quindicimila lire. Che ne pensi?

– Sì, per me va bene. Quali colori abbiamo?

– Bianco e giallo…Poi ci sono i vestiti da uomo…in nero e blu.

– Ma, secondo me, a duecentonovantamila lire sono una buona occasione.

– Non ti sembra troppo?

– No. Sono Armani. A quel prezzo li vendiamo subito.

– D'accordo. Poi ci sono i pantaloncini. Ne abbiamo di color viola e marrone. Secondo te, a trentamila lire sono cari?

– Ma certo che sono cari. Guarda, sono proprio brutti.

– Hai ragione. Quindicimila, allora. Va bene?

– Sì, va bene.

– E…quarantamila lire per i jeans come ti sembrano?

– Beh, non lo so. Che colori abbiamo?

– Blu, naturalmente.

– Va bene. Quarantamila i jeans. Poi cosa c'è ancora?

– Ci sono delle T-shirt. Ne abbiamo proprio tante, sai. Rosse, verdi, gialle…

– Mmm…facciamo dodicimila?

– Ma…D'accordo.

– E per finire ci sono delle gonne.

– Sono molto eleganti, queste.

– Che colori abbiamo?

– Grigio e nero.

– Facciamo trentamila e via. Abbiamo finito.

F Quanti messaggi!

Help the receptionist by taking messages for the people who can't come to the phone.

1 – Pronto. Ditta Vernucci.

– Sì, pronto. Vorrei parlare con Carla Teodori, per piacere.

– Mi dispiace ma la signorina Teodori, al momento, è in riunione. Vuole lasciare un messaggio?

– Sì, grazie. Le può dire che ha telefonato la sua amica Anna Mancini per sapere se vuole cenare al ristorante stasera.

– Un momento, un momento. Messaggio per Carla Teodori…da Anna Mancini…ristorante stasera…oggi è il nove di maggio…e sono le dieci e trentacinque. Va bene. Vuole che la signorina Teodori le ritelefoni?

– Sì, se può. Il mio numero è 86 72 49, grazie.

– Prego, buongiorno.

– Buongiorno.

2 – Pronto. Ditta Vernucci.

– Pronto. C'è il signor Fabbri, per favore?

– No. Mi dispiace, è uscito. Vuole lasciare un messaggio?

– È uscito, eh? Hmm, gli può dire che ha telefonato sua moglie per ricordargli di fare la spesa prima di tornare a casa stasera.

– Vuole che le ritelefoni?

– No, grazie. Non è necessario.

– Buongiorno.

– Buongiorno.

– Allora, oggi è il nove maggio e sono le undici e cinquantatré.

3 – Pronto. Ditta Vernucci.

– Sì, pronto. Posso parlare con il signor Cardillo, per favore?

– Mi dispiace, ma il signor Cardillo è in riunione. Vuole lasciare un messaggio?

Ascoltiamo! ...

– Mmm…sì, va bene. Io sono la signora Pini dell'agenzia viaggi Speranza. Devo sapere quando il signor Cardillo vuole partire per l'Australia. Gli può dire anche di telefonare dopo il meeting. È urgente. Il mio numero è 98 37 51. Grazie.

– Hmm, prego. Molto gentile quella signora. Dunque, oggi è il nove maggio…e sono le quattordici e venticinque.

4 – Pronto. Ditta Vernucci.

– Massimo, sei tu?

– No! Sono la signorina Mosca. Chi parla?

– Io sono la signora Rinaldi. Posso parlare con Massimo, per favore?

– Mi dispiace, signora Rinaldi, ma suo figlio non può venire al telefono in questo momento. È in riunione con il direttore.

– Con il direttore, eh? È un bravo ragazzo, Massimo, vero?

– Beh, veramente non lo conosco molto bene, signora. Vuole lasciare un messaggio?

– Mmm vediamo…sì…sono le quattro e mezza adesso. Gli deve dire di venire a casa alle sei precise che gli faccio trovare la pasta pronta, e gli dica anche di non arrivare in ritardo, va bene?

– Va bene, signora, buonas…

– Senta, vuole venire anche Lei a cena, stasera? Preparo tortellini alla veneziana.

– Grazie, signora, molto gentile, ma non posso, sono occupata stasera.

– Mah…non fa niente. Sarà per un'altra volta. Buonasera, allora.

– Buonasera, signora.

G Al ristorante

A group of people has arrived at Trattoria Sant'Agostino for dinner. As they each order their food, then their drinks, put a mark next to the appropriate item on the waiter's order form.

– Buonasera. Preferite aspettare o volete ordinare subito?

– Ordiniamo adesso, grazie. Che cosa ci suggerisce?

– Beh, le tagliatelle al tartufo sono la nostra specialità. Sono molto buone.

– Va bene. Come primo prendo le tagliatelle al tartufo, ma prima vorrei un antipasto misto. Poi, per secondo… calamari fritti con un'insalata mista come contorno e…un tiramisù come dolce, grazie.

– Benissimo. E Lei?

– Anch'io vorrei le tagliatelle al tartufo come primo, ma per secondo mi porti una bistecca ai ferri con un bel piatto di patatine e fagiolini come contorno.

– Vuole anche un dolce?

– Perché no? Una cassata, per favore.

– Come antipasto vorrei prosciutto e melone, grazie. Poi come primo… mmm, non mi piacciono tagliatelle… prendo…i tortellini in brodo, per favore. E per secondo…una cotoletta alla milanese con delle patatine. Poi come dolce mi porti una macedonia di frutta.

– Molto bene. E Lei, ha deciso?

– Sì. Quando fa un po' freddo, non c'è di meglio di un bel minestrone. Poi come secondo vorrei il pollo arrosto. E come dolce prendo anch'io la macedonia di frutta.

– Non vuole un antipasto?

– Mmm, e va bene. Mi porti un antipasto misto, grazie.

– Io invece non voglio antipasto, ma come primo vorrei le lasagne. Poi per secondo una bella bistecca ai ferri, ma mi raccomando, ben cotta eh?

– Certo, signore. E come dolce?
– Mmm, vediamo…una coppa di gelato,
  grazie.

– Allora, io prendo i tortellini in brodo,
  i calamari fritti con insalata mista…e
  come dolce il tiramisù, grazie.

– E da bere, che cosa prendete?
– Per me un vino bianco grazie.
– Anch'io prendo vino bianco, grazie.
– Per me una birra, per favore.
– Non mi piacciono le bevande alcoliche.
  Io prendo acqua minerale naturale,
  per favore.
– Mmm…sì, anch'io grazie.
– Io invece vorrei una Coca-Cola, grazie.

C'è qualcosa nell'aria

Capitolo otto

Objectives

- To discuss medical matters, including:
  - describing how you're feeling
  - saying what part of the body aches
  - going to the doctor
  - going to the chemist

- To talk about the past, including:
  - saying how things used to be
  - talking about what you used to do
  - describing past events

- To converse in tourist situations, including:
  - withdrawing and exchanging money from the bank
  - choosing and booking a hotel room
  - checking in to a hotel

- To learn some basic facts about Italian history, including:
  - the Renaissance
  - the **Risorgimento**
  - anecdotes
  - the Italian national anthem

- To get to know Florence

Language points

- imperfect tense
- irregular verbs in the imperfect
- perfect tense versus imperfect tense
- imperatives
- negative imperatives
- reflexive verbs in the imperative
- irregular imperatives
- irregular nouns

Key expressions

Che c'è?
Che colpo di fortuna!
Sei giù di morale?
Sono in piena forma!
non ci credo
non vedo/vedevo l'ora
vale la pena

Raccontiamo una storia strana

Group size: whole class divided into teams of 5 to 8 students
Language: perfect tense and imperfect tense

1 The object of this game is to make up a story, no matter how bizarre, using the past tense.
2 You begin the story by giving the team part of a sentence.
   – Era una brutta notte d'inverno quando…
3 Then get each member to add their own sentence, one after another, to continue the story and eventually complete it.

Studente A: …è arrivato l'idraulico.
Studente B: Ha guardato il bagno e ha detto…
Studente C: 'Questo è un lavoro molto difficile.'
Studente D: 'E molto costoso.'
Studente E: Poi ha chiesto una tazza di tè…
Studente A: …e un dolce, perché aveva fame.
Studente B: Ha mangiato la torta e ha bevuto il tè, e poi…
Studente C: …è andato a casa perché era stanco.

4 You could give teams points out of ten for their story.

   Here are some other possible beginnings:
       – L'albergo Firenze era in Via Dante ma…
       – Quando siamo arrivati alla banca, era chiusa…
       – Il tempo era bellissimo quel giorno a…
       – Il medico era brutto ma…
       – Io e i miei amici dovevamo incontrarci a…
       – Siamo entrati nel ristorante…

Test – Capitolo otto ☐ ██████████ •••

Nome _____

Cognome _____

Classe _____

A L' imperfetto

Complete these sentences in the past tense, by writing the correct form of an appropriate verb.

1   Non ci credo! Mentre io _____ a tennis, Carlo ha fatto i compiti.

2   Ieri, quando siamo andati al mare, _____ troppo caldo.

3   Quando io e i miei fratelli _____ piccoli, _____

 sempre la televisione.

4   Dopo la triste storia, i ragazzi _____ giù di morale.

5   Ogni volta che _____ al Bar Centrale, Lucia _____

 un gelato.

6   Ieri, al tennis, i ragazzi _____ in piena forma.

7   Secondo me, ieri tu _____ stanco ma contento.

8   Quanti anni _____ tu e tuoi amici nel millenovecentottantotto?

B È perfetto o imperfetto?

Complete this story by writing the imperfect or perfect tense of the verbs in brackets.

Quel giorno del 1879 (fare) _____ molto caldo a Napoli, ma un gruppo di

cuochi non (essere) _____ al mare, no, (trovarsi) _____

in un famoso ristorante, e (cucinare) _____ . (Volere) _____

preparare una sorpresa per la loro regina.

Quando la regina Margherita (arrivare)_____ , dopo un lungo viaggio, uno

dei cuochi le (chiedere) _____ se (volere) _____

assaggiare la specialità locale. Lei (dire) _____ 'Sì, certamente, con grande

piacere.' La regina (assaggiare)_____ la pizza, (essere) _____

buonissima _____ ma (essere) _____ anche bellissma. La

pizza (avere)_____ tre ingredienti; l'origano verde, la mozzarella bianca e

il pomodoro rosso. (Essere)_____ i colori della bandiera italiana.

C È imperativo!

Write complete sentences connecting the people and the commands they have been given.

1 Ragazzi!

2 Mario!

3 Voi due!

4 Alessandra!

5 Susanna!

6 Luisa!

7 Carlo!

8 Amici!

1 _____
2 _____
3 _____
4 _____
5 _____
6 _____
7 _____
8 _____

Test – Capitolo otto

D La pensione o l'albergo?

Write a detailed description of the Albergo Firenze and Hotel Collodi.

1	**Albergo Firenze** Via Pellicceria, 74	70	90	100	120	☕🍴	📷	🍷🍴	☎	📺	🖨
2	**Hotel Collodi** Via Condotta, 61	60	75	60	95	10	📷			📺	🖨

_____

_____

_____

_____

_____

_____

_____

_____

_____

_____

_____

_____

_____

_____

_____

Now write a letter to one of those hotels requesting a room. In your letter specify:
- the type of room you want
- when you will be arriving and when you intend to leave
- how much you expect to pay and how you will pay
- why you chose that hotel
- how much you're looking forward to the trip

E Come si sono fatti male?

Write two sentences: one saying how the people illustrated hurt themselves and what they hurt; the other saying what remedy they must take for it.

1 _____

_____

_____

4 _____

_____

_____

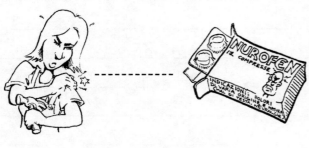

2 _____

_____

_____

5 _____

_____

_____

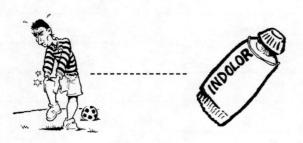

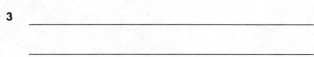

3 _____

_____

_____

6 _____

_____

_____

F Mi piace cucinare

Write the cooking instructions under the correct illustrations. Choose from the list below.

> bagnate i biscotti   sbattete le uova   dividete i tuorli dalle chiare d'uova
> aggiungete lo zucchero   mescolate bene
> spargete la crema   disponete i biscotti sul fondo   spolverizzate con cacao

1 _____

_____

2 _____

_____

3 _____

_____

4 _____

_____

5 _____

_____

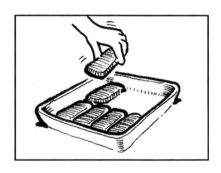

6 _____

_____

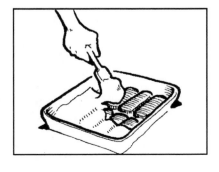

7 _____

_____

8 _____

_____

G L'hai fatto?

Have you been studing hard for this test? Answer these questions using the object pronouns wherever possible.

1   Hai imparato tutte le nuove parole?

_____

2   Hai studiato la grammatica?

_____

3   Hai letto anche la pagina 'Oggi dove sono'?

_____

4   Quante volte hai ascoltato le cassette?

_____

5   Quando hai ascoltato la canzone?

_____

6   Sei andato/a in Italia?

_____

7   Hai parlato in italiano con gli altri studenti?

_____

8   Hai trovato facile o difficile questo test?

_____

H Lo studente perfetto

A friend has decided to start learning Italian. Using your experience, write down ten things which will help her master the language. Use the imperative!

1   _____

2   _____

3   _____

4   _____

5   _____

6   _____

7   _____

8   _____

9   _____

10 _____

Test – Capitolo otto ☐ ▬▬▬▬▬▬▬▬ ...

▌ Le espressioni

Which of these sentences or expressions would you use in the following situations?

Meno male.	Sono giù di morale.	Lascia fare a me.	Non c'è di che.
Non vale la pena.	Cosa ci posso fare?	Non vedo l'ora.	
Sei veramente in gamba!	Non ce la faccio più.	Accidenti!	

---

1   Another student tells you she's impressed with your Italian. You don't feel like being modest.

_____

2   Your brother is trying, without success, to set the video recorder. You decide to do it. It's easy for you.

_____

3   You knock your knee against the door. It hurts.

_____

4   It's your birthday. Your best friend tells you he is coming around with a surprise.

_____

5   A friend accuses you of being in a foul mood. You give a reason.

_____

6   Your father has just got you out of a difficult situation.

_____

7   Your friends want to go to a concert. They suggest ringing the ticket office. You know it's booked out.

_____

8   You are unprepared for a test. At the last minute, the teacher decides to postpone it.

_____

9   An old man thanks you for helping him across the road.

_____

10   You're trying to watch your favourite TV show but your little nephew keeps jumping all over you. You're at the end of your tether.

_____

J Ricordo...

Remember what it was like when you were in primary school? Give an account of a typical day, then write about the time you got into trouble.

_____

_____

_____

_____

_____

_____

_____

_____

_____

_____

_____

_____

_____

_____

_____

_____

_____

_____

_____

_____

_____

_____

_____

_____

_____

_____

_____

Esame Orale

L'interrogazione

1 Using the **fotoromanzo**
   e.g. – Guarda le foto a pagina 134.
      – Dove sono andate Gianna e Cecilia? Che cosa si vede a lì?
      – Com'è oggi, Carlo? Perché?
      – Che cosa guarda Annamaria nella foto numero 11?
      – Perché è cosi interessata?
      – Dov'è adesso l'originale?

      – Apri a pagina 153.
      – Secondo te, che cosa ricorda Lucia nella prima/seconda/terza foto?
      – Dove erano? Che cosa facevano?
      – Com'era il tempo?

2 Using the **A tu per tu**
   e.g. – Apri il libro a pagina 140.
      – Qual è il cambio del dollaro australiano oggi?
      – Che valore ha rispetto a quello americano e a quello canadese?
      – Che cos'è la carta Sì?
      – Quali tre documenti si vedono?

Preparate una scenetta
Role play

1 Divide the class into pairs. One student is the banker or concierge, the other is the tourist.
2 Set the scene either at the bank or at the hotel.
   • The two greet each other, the tourist says she's tired/in a hurry/angry, etc. and gives a reason.
   • The worker is sympathetic but businesslike. He's very busy, tired, etc.
   • The tourist tries to book a room/exchange money, but there is a problem with everything she suggests.
   • The tourist makes up a hard-luck story.
   • The worker is sympathetic and helps out.

La scenetta bell'e pronta

I problemi del turista

Personaggi: l'impiegato, il turista, il piccolo figlio

Impiegato: Buongiorno, signora.

Turista: Buongiorno.

Figlio: Mamma, voglio un gelato. Tu hai detto che posso avere un gelato.

Turista: Mamma mia, non ce la faccio più. Smettila Andrea!

Impiegato: Poveretto è stanco, vero?

Turista: Forse, ma quando eravamo fuori e litigava con la sorella non era stanco.

Impiegato: Eh…i bambini sono fatti così.

Figlio: Mamma, allora un'aranciata?!

Turista: Basta, Andrea! Allora, vorrei cambiare questi traveller's cheques.

Impiegato: Non può.

Turista: Come non posso? Li devo cambiare, non ho soldi.

Impiegato: Non può perché noi non accettiamo questi traveller's cheques. Accettiamo le carte di credito.

Turista: Benissimo, ho la Visa.

Impiegato: No.

Turista: Ho l'American Express.

Impiegato: No, mi dispiace ma noi non…

Turista: …voi non accettate queste carta di credito. Che cosa accettate allora?

Figlio: Mamma, non posso vedere. Voglio vedere.

Impiegato: Accettiamo Eurocard, Mastercard…

Turista: Mastercard, perfetto. Ecco la mia carta.

Impiegato: Molto bene. Mi può dare un documento, per favore.

Turista: Ho il passaporto, va bene il passaporto, vero?

Impiegato: Certo, signora. Vanno bene il passaporto, la patente, la carta di credito… Qui, accettiamo tutto signora.

Turista: Accettate tutto. Ah, sì, dimenticavo! *(Cerca il passaporto ma non lo trova.)*

Figlio: Mamma, posso dirti una cosa?

Turista: Andrea, abbi pazienza! Non vedi che sono occupata. Mamma mia, dove ho messo quel passaporto?

Impiegato: Signora, mi dispiace, sono molto occupato. Se non può trovare il passaporto, non le posso dare i soldi.

Figlio: Mamma, sai che…

Turista: Andrea, ti ho detto basta! Senta, signore, io non ho una patente o una carta d'identità perché sono una turista. Non può fare un'eccezione?

Impiegato: Vorrei, signora, ma non posso.

Figlio: *(finalmente)* Mamma, ti voglio dire che il passaporto è nella tasca della tua giacca.

Turista: Sì, eccolo! Hai ragione, tesoro! Ecco il passaporto. Meno male!

Impiegato: Sì, meno male.

Figlio: Posso avere il gelato adesso?

Tocca a voi ▢ ■■■■■■■■ ...

A Che cosa facevano?

Type of activity: information gap and matching
Aim: to describe what happened, how people were hurt, where they were and what they were doing when it happened
Language: imperfect tense and perfect tense
perfetto, esatto, no...ti sbagli
Number of students: 3

1 Make three copies of the numbered boxes (page 182) and two copies of **Che cosa facevano?** (page 183).
2 Make the two **Che cosa facevano?** sheets into two sets of 12 cards.
3 The 12 cards contain four basic types of pictures. Subdivide one of the sets of 12 into two lots of six, making sure that each lot contains at least one of each type of picture.
4 You now have three sets of cards. Give one set to each student. Also give each student a sheet with the numbered boxes.
5 Put a book between the three students so that they cannot see one another's cards.
6 The student with the 12 cards shuffles them, then places them at random on the numbered boxes.
7 By discussing the pictures, the other two students must place their six cards on the same numbers.
8 Make sure they discuss the pictures as events that happened in the past.

Ecco un esempio

Studente A: Va bene sono pronto. Nel primo disegno una donna lavava la macchina.
Studente B: Questa donna si è fatta male alla schiena?
Studente A: Sì, esatto.
Studente C: Questa donna gridava o era contenta?
Studente A: Questa qui era contenta.
Studente B: La macchina era bianca e lei aveva i capelli neri?
Studente A: Esatto.
Studente B: Va bene, io ho il numero uno. Che cosa è successo nel secondo disegno?

1	**2**	**3**
4	**5**	**6**
7	**8**	**9**
10	**11**	**12**

B Prenotiamo un albergo

Type of activity: information gap
Aim: to inquire about and book a hotel room
Language: tipo di albergo/camera
          due/tre stelle
          completo
          modal verbs
Number of students: 2

1 This activity is like the **Tocca a voi due** in the *Textbook*. Make four copies of the **Ufficio informazioni** sheet for every one copy of the **Turista** sheet. Cut the **Turista** sheet into four cards.

2 Divide the class into pairs making one student **l'impiegato** and the other **il turista** in each pair.

3 Give one **Ufficio informazioni** sheet to **l'impiegato** and one **Turista** card to **il turista** in each pair. Make sure they don't look at each other's information.

4 Give students time to digest the information in front of them. It may be a good idea to have them go through the symbols, since there is no legend. The words **stella** and **completo** must be explained.

5 Explain that the tourist is ringing the **ufficio informazioni** to book a hotel room in Florence that best fits his requirements.

Ecco un esempio

Studente A: Pronto! Ufficio informazioni.
Studente B: Pronto! Ho bisogno di una camera doppia dal sette al tredici luglio.
Studente A: Che tipo di albergo vuole? Due stelle, tre stelle…?
Studente B: Preferisco un albergo da non meno di tre stelle, per favore.
Studente A: In che zona vuole essere…?

	▭	▭	▭	▭	🍴	💳	🍸	☎	📺	🔌	Completo
1 Hotel Duomo ★★★★ Via dei Cerchi, 12		290		360	🍴	💳	🍸	☎	📺	🔌	**tutto agosto**
2 Albergo Firenze ★ Via Pellicceria, 74	70	90	100	120	🍴		🍸	☎		🔌	
3 Pensione Bellavista ★★★ Lungarno Acciaioli, 87	110	125	140	150	12			☎	📺	🔌	
4 Pensione Chianti ★★★ Via delle Terme, 56	120	135	160	180	12	💳	🍸	☎	📺	🔌	
5 Albergo Toscana ★★ Via Calimala, 37	–	95	–	115	🍴	💳	🍸	☎		🔌	
6 Hotel Collodi ★ Via Condotta, 61	–	80	90	–	12						
7 Pensione Vittoria ★★ Via de' Calzaiuoli, 34	–	95	105	125	🍴	💳		☎	📺		**tutto giugno**
8 Albergo Santa Maria ★★★★ Via Vacchereccia, 28	–	260	–	340	🍴	💳	🍸	☎	📺	🔌	

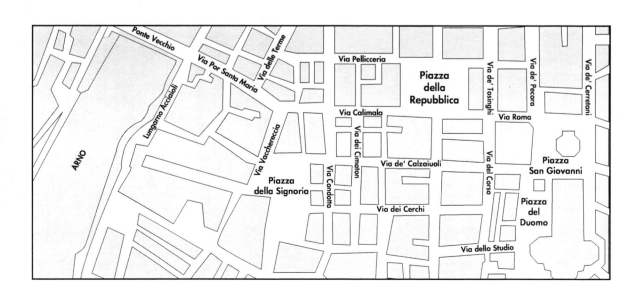

Turista

1 Il turista

- singola
- con bagno
- deve costare il meno possibile ma con la prima colazione
- preferisco vicino a Piazza della Repubblica
- con telefono, tv e aria condizionata solo se non costa molto
- dal 29/5 al 2/6

2 Il turista

- doppia
- con bagno
- deve costare il meno possibile ma deve essere almeno da tre stelle
- dal 7/7 al 12/7
- con telefono
- con aria condizionata
- con televisione
- vicino al fiume
- voglio pagare con la CC
- dal 25/2 al 3/3

3 Il turista

- singola
- con bagno
- voglio la prima colazione
- telefono e tv
- aria condizionata
- vicino al duomo
- voglio pagare con la CC
- l'albergo deve essere almeno due stelle e costare meno di 300.000 lire al giorno
- dal 14/8 al 17/8

4 Il turista

Decidi tu!
- Quando?
- Con chi?
- Dove?

Vuoi?

C Il picnic di Marco e Gina

Type of activity: information gap
Aim: to recount a story
Language: imperfect tense and perfect tense
Che tempo faceva?
Come era lui/lei?
Che cosa faceva?
Che cosa è successo?
è arrabbiata, sono contenti...
prima, poi, dopo, più tardi
secondo me
forse
Number of students: 2

1 Make a copy of **Il picnic di Gina** and **Il picnic di Marco** for each pair. Make sure they don't look at each other's sheet.
2 Explain that one student has four scenes from Gina's day, and the other has five from Marco's. Both are out of sequence.
3 Tell students firstly to describe to each other in detail all of the episodes on their sheet. Then explain that they need to piece the story together by deciding the order of events. To help students remember the order, ask them to number the scenes.
4 When they have completed their version of the story, ask them to relate it taking it in turns to recount each episode. Make sure they use the past tense.

Ecco un esempio

Studente A: Che cos'hai nel tuo primo disegno?
Studente B: Nel mio primo disegno c'è Gina in campagna che prepara un picnic.
Ha portato olive, formaggio...Lei è sola. È una bellisma giornata. Il cielo è sereno...
Studente A: E com'è, contenta?

Quando sono pronti per raccontare la storia...
Studente A: Gina si è alzata presto questa mattina perché doveva preparare un picnic.
Era contenta. Faceva caldo, allora portava solo i pantoloncini e la T-shirt.
Studente B: Anche Marco si è alzato presto, infatti si è alzato alle sei e un quarto, si è lavato, vestito e fatto la barba. Anche lui era molto contento...

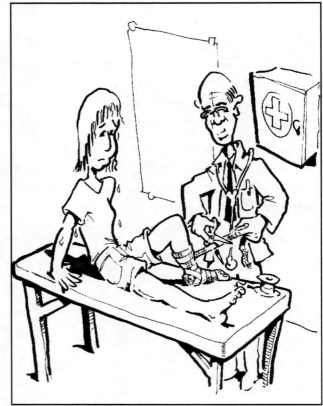

Il picnic di Marco

□ Ascoltiamo!

Tape scripts

A Ancora diapositive!

Professor Di Matteo is showing his students slides of Florence and its treasures. As he talks about them, match the descriptions with the slides by writing the appropriate numbers in the boxes below.

– Diapositiva numero uno. Conoscete questa città? Guardate attentamente. Nel centro della diapositiva si vedono il Duomo e anche Palazzo Vecchio. Esatto, è la città di Firenze, la capitale dell'arte rinascimentale.

– Diapositiva numero due. Ecco lo splendido Duomo di Firenze visto da vicino, con il Campanile di Giotto sulla destra.

– Diapositiva numero tre. E questa è forse la statua più famosa del mondo. La conoscete, no? Questo è il David di Michelangelo.

– Diapositiva numero quattro. Questo è il ritratto di un famoso personaggio del Rinascimento, che d'estate abitava nel Parco Ducale qui ad Urbania. È Federico da Montefeltro, il Duca di Urbino. È bello, vero?

– Diapositiva numero cinque. La creazione di Adamo ed Eva, la storia di Caino ed Abele, Mosè che riceve i Dieci Comandamenti. Queste ed altre storie dell'Antico Testamento sono rappresentate nella bellissima Porta del Paradiso.

– Diapositiva numero sei. Dei dieci ponti di Firenze, questo è senza dubbio il più famoso e più caratteristico. È il Ponte Vecchio.

– Diapositiva numero sette. Ecco la famosissima Piazza della Signoria e Palazzo Vecchio, costruito nel quattordicesimo secolo.

B Sto male!

Listen to these people tell their doctor what the problem is. Label the part of the body that hurts and put the appropriate number in the box. Then identify the treatment prescribed by writing the correct letter next to the number.

1 – Buonasera signora, s'accomodi. Cosa posso fare per Lei?
– Mah non lo so, dottore. Sto un po' male. Ho lavato tutte le finestre stamattina, ah…e adesso mi fa male la schiena. Non ce la faccio più.
– Mmm, sì, vediamo. Ma non è grave. Deve solo riposarsi un po'. Se non si sente meglio fra due o tre giorni, mi dia un colpo di telefono.
– Grazie, dottore. Buonasera.

2 – Carlo, che c'è? Stai male?
– Eh sì, dottore. Ieri sera ho studiato per più di un'ora e stamattina mi sono svegliato con un tremendo mal di testa.
– Oh, poveretto. Prendi due di queste compresse e sono sicuro che ti passerà subito. E mi raccomando, non studiare troppo, eh!
– No, dottore. Grazie.

3 – Avanti, signora, s'accomodi. Come si sente oggi?
– Eh…beh, non molto bene, dottore. Mi fa male il ginocchio.
– Mmm, sì, vediamo un po'. Le do una pomata che sono sicuro l'aiuterà. La deve usare due volte al giorno per una settimana. Va bene?
– Sì, dottore. Grazie.

4 – Buongiorno. Mi dica.
– Beh, dottore. È da ieri che ho mal di stomaco. Non lo so, forse è stato qualcosa che ho mangiato.
– Sì, può essere indigestione. Provi a prendere quest'antiacido adesso, poi di

Ascoltiamo! ...

nuovo prima di andare a letto stasera e si sentirà meglio domani.
– Va bene, dottore. Grazie.

5 – Buongiorno, signorina. Prego, s'accomodi. Qual è il problema?
– Dottore, non posso camminare. Mentre giocavo a tennis sono caduta e mi sono fatta male alla caviglia.
– Mmm, vediamo un po'. Eh sì, è proprio gonfia. Bisogna andare subito all'ospedale a fare una radiografia. Vediamo che non sia una frattura.
– Speriamo di no. Grazie, dottore.

6 – Buongiorno, signor Mazza. Come si sente oggi?
– Ah, dottore. Quando mi sono svegliato stamattina mi faceva male il collo. Non so, forse ho dormito male.
– Mmm, vediamo un po'…ma, non è niente. Provi questa pomata e se non le passa fra una settimana, venga a trovarmi.
– Grazie, dottore.

C Quando ero giovane io...

Carlo thinks he works hard, but according to his grandfather things were much tougher in his day. Read through the statements below, then listen as Carlo's grandfather tells us a little about life when he was younger. Circle **vero** if the statement matches what he says or **falso** if it doesn't.

– Eh sì, caro Carlo, e la vita era molto dura quando ero giovane io. Non avevamo tutti questi divertimenti che avete adesso voi…E sai che per andare a scuola ogni giorno mi dovevo alzare alle quattro di mattina?
– Beh…
– Figurati, alle quattro, perché non c'era mica una scuola nel nostro paese; la scuola più vicina era distante venti chilometri.
– Sì…
– È chiaro che io li facevo a piedi, no? Non avevamo motorini o biciclette.
– E…
– Poi per pranzo mangiavo un pezzo di pane e, se ero fortunato, mia madre mi dava anche un frutto. Hmm, altro che pizze e focacce.
– Sì, ma…
– Quando tornavo a casa, sai cosa facevo? Preparavo la cena per tutta la famiglia perché mia mamma e mio padre lavoravano in campagna fino a tardi, e tornavano a casa stanchi morti.
– E…
– Poi dopo cena lavavo i piatti e pulivo la cucina, e quando finivo di pulire la cucina avevo tre o quattro ore di compiti da fare. Ma sai che andavo a letto contento. Non come voi giovani che avete tutte le comodità del mondo ma vi lamentate lo stesso.
– D'accordo…
– E…e poi, dopo tre mesi di questo arrivavano le vacanze. Vacanze?! Hmm, altro che Costa Smeralda o Parigi! Per le vacanze io andavo a lavorare in campagna con i miei genitori, certe volte fino a mezzanotte. Ma io ci andavo volentieri sai, perché io i genitori li rispettavo, non come i giovani d'oggi.
– Sì…
– Così, Carlo, non mi dire che la vita è dura per voi giovani.

D Aveva una faccia brutta...

A bank was robbed by a man and a woman earlier in the day and thanks to the descriptions of an eyewitness, several

Ascoltiamo!

suspects have been arrested. The police have organised a line-up of the suspects for the eyewitness to view. As you listen to her tell the police what she saw, you will be able to eliminate one suspect at a time until you are left with the guilty one.

1 Mmm, vediamo se mi ricordo. L'uomo era piuttosto brutto, ed aveva una faccia da criminale. Era alto e magro. Sì, e aveva i capelli neri e lunghi. Oh, e il naso, sì, anche il suo naso era abbastanza lungo. Poi, portava i jeans, ed aveva anche una maglietta vecchia.

2 Allora, la donna…La donna invece era carina…bella anche. Anche lei era alta, non era magra. Aveva i capelli lunghi… e biondi e gli occhi…aveva degli occhi belli grandi. Portava i pantaloni neri e una camicetta bianca.

E Sbrigatevi!

Getting six children ready for school in the morning is not an easy task. What is this mother telling her children to do? Match her commands with the illustrations by putting the appropriate number in each box.

1 Raffaella, sei ancora in pigiama?! Vestiti, subito!

2 Di chi sono quei libri? Lucia, sono tuoi? Dai, prendi questi libri e mettili nello zaino! Presto, è tardi!

3 Ma Giovanni, che cosa fai? Sei ancora a letto? Forza, alzati! Non puoi dormire tutto il giorno.

4 Svegliati, Natalia, presto! Sono già le sette.

5 Ma Lidia, non è il momento di guardare la televisione adesso. Presto, va' in bagno e lavati subito!

6 Ivano, che cosa fai? Non stare lì con la bocca aperta. Mangia il tuo toast!

F Ciao, sono io...

Your flatmate rang earlier. You were out so she left a message on the answering machine. As you listen to her message, jot down all the things she wants you to do.

Ciao, sono io. Mi dispiace ma sono ancora qui al lavoro. Sai com'è il mio direttore…È un tiranno. Comunque ho ancora tanto da fare qui, così, purtroppo, torno a casa un po' tardi stasera e ci sono tante cose da fare prima che arrivino gli amici. Hai una penna? O.K., ecco quello che devi fare.

Prima di tutto devi lavare i piatti. Mi dispiace ma non ho avuto il tempo di lavarli stamattina. Poi spazza la cucina. Poi, quando finisci, va' al supermercato a fare la spesa. Ci sono delle uova nel frigo ma il resto lo devi comprare. Oh, e non dimenticare di comprare il pane e del vino. Se quando torni a casa io non sono ancora arrivata, comincia a cucinare tu. Va bene? Grazie, eh. Ci vediamo stasera!

G Ecco la mia Visa!

Listen as a few of the students go to the bank to withdraw some money. As they complete their transactions write down, on the form below, how much they withdraw or exchange (**Importo**), what the exchange rate is and whether they use **una carta di credito (CC)** or **un traveller's cheque (TC)** and the currency (**Valuta**) they exchange.

1 – Scusi, quant'è il cambio del dollaro americano oggi?
 – 1.661 lire.
 – Va bene, allora, vorrei prelevare duecentomila lire sulla mia carta di credito, per favore.
 – Benissimo. Firmi qui, per favore, e s'accomodi alla cassa.

2 – Buongiorno. Vorrei cambiare dei traveller's cheque, per favore. Quant'è

Ascoltiamo! ...

il cambio del marco tedesco oggi?
- 1.223 lire.
- Allora vorrei cambiare 300 marchi, grazie.
- Firmi qui e s'accomodi alla cassa, grazie.

3 - Buongiorno, vorrei prelevare cinquecentomila lire, per favore. Ecco la mia Visa.
- Benissimo. Firmi qui, per favore.
- A proposito, mi sa dire quant'è il cambio della sterlina inglese oggi?
- Certo. 2.523 lire.
- Grazie, buongiorno.

4 - Vorrei prelevare centomila lire sulla mia carta di credito, per favore.

- Benissimo. Che tipo di carta ha?
- Ho una Mastercard. Mi può dire quant'è il cambio del dollaro australiano oggi?
- 1.209 lire per un dollaro. Firmi qui e s'accomodi alla cassa, grazie.

5 - Mi scusi, con una Eurocard è possibile prelevare dei soldi qui?
- Ma certo. Quanto vuole prelevare?
- Ma non lo so. Mi dia 750 mila lire, per favore.
- Firmi qui e s'accomodi alla cassa.
- A proposito, quant'è il cambio del franco francese?
- 327 lire per un franco.
- Grazie, buona giornata!